スピリチュアル

政治学要論

佐藤誠三郎

元東大政治学教授の
霊界指南

大川隆法 RYUHO OKAWA

まえがき

若い頃は、一度政治学者を志したことはあったが、「思想」に親和性の高かった私には、プラグマティックで、この世的な論理性と共振する東大法学部の政治学とはもう一つ合わなかった。あるいは左翼的アカデミズムとは合わなかったと言うべきかもしれない。

本文中に、若干不遜《ふそん》な言葉や、尊大な態度を感じられた方には申しわけなく思うが、マルクスが『資本論』を書いて全世界の半分を赤く変えた仕事に対し、全く逆の方向から世界の思想革命を起こしたいと考えていたのだ。マルクスの共産主義革命が、旧約聖書の「千年王国」の理想を換骨奪胎《かんこつだったい》したものであることは判っていたので、真なる神の政治理想を打ち樹《た》てたいと思っていたのだ。

佐藤誠三郎教授（霊）には過分のお言葉を頂いたが、私の中の理想政治への想いを遠くから見守って下さっていたのだろう。「ご講義、ありがたく頂戴致しました」と心からお礼申し上げたい。

二〇一三年　五月十五日

幸福《こうふく》の科学《かがく》グループ創始者兼総裁《そうししゃけんそうさい》　大川隆法《おおかわりゅうほう》

スピリチュアル政治学要論　目次

スピリチュアル政治学要論

――佐藤誠三郎《さとうせいざぶろう》・元東大政治学教授の霊界《れいかい》指南――

二〇一三年五月九日　佐藤誠三郎の霊示《れいじ》
東京都・幸福の科学総合本部にて

「霊言現象《れいげん》」とは、あの世の霊存在の言葉を語り下ろす現象のことをいう。これは高度な悟《さと》りを開いた者に特有のものであり、「霊媒現象《れいばい》」（トランス状態になって意識を失い、霊が一方的にしゃべる現象）とは異なる。

なお、「霊言」は、あくまでも霊人の意見であり、幸福の科学グループとしての見解と矛盾《むじゅん》する内容を含《ふく》む場合がある点、付記しておきたい。

スピリチュアル政治学要論

――佐藤《さとう》誠三郎《せいざぶろう》・元東大政治学教授の霊界《れいかい》指南――

二〇一三年五月九日　佐藤誠三郎の霊示《れいじ》
東京都・幸福の科学総合本部にて

佐藤誠三郎《さとうせいざぶろう》（一九三二～一九九九）

政治学者、東京大学名誉《めいよ》教授。東京生まれ。東京大学文学部国史学科および法学部第3類（政治コース）卒。立教大学助教授等を経て、東京大学教養学部教授に就任、政治学入門等の講義を担当し、保守系の論客として大平《おおひら》内閣や中曽《なかそ》根《ね》内閣のブレーンも務めた。夫人《ふじん》は検事（のち弁護士）の故・佐藤欣子《きんこ》女史。

質問者　※質問順

小林早賢《こばやしそうけん》（幸福の科学広報・危機管理担当副理事長）

泉聡彦《いずみとしひこ》（幸福の科学理事　兼《けん》　幸福の科学大学副学長（就任予定）※）

立木秀学《ついきしゅうがく》（幸福の科学理事　兼　ＨＳ政経塾塾《じゅく》長）

※仮称。二〇一五年四月開学に向けて設置認可申請予定。

［役職は収録時点のもの］

1　保守系の政治学者・佐藤誠三郎《さとうせいざぶろう》教授に訊《き》く

東大在学中、私は佐藤誠三郎教授の通年授業を聴《き》いた

大川隆法　前回（二〇一三年五月一日）、芦部信喜《あしべのぶよし》教授の霊言《れいげん》で憲法学をご指南いただきました（『憲法改正への異次元発想――憲法学者NOW・芦部信喜　元東大教授の霊言《れいげん》――』〔幸福実現党刊〕参照）。

今、幸福の科学大学（二〇一五年開学予定）のほうで、「未来創造コース」という、法学・政治学系に当たる部分をつくろうと思っているため、多少、学者の考え等も聴《き》いておいたほうがよいでしょう。何かガイドラインがあったほうがよいと思い、今、霊言を録《と》っているところです。

佐藤誠三郎教授も、芦部教授と同じ一九九九年に亡《な》くなっており、死後、十四年近くたっているので、忘れられてきているのではないかと思います。

そこで、最初に前置きをいたします。

この方は、東大文学部の国史学科を卒業後、東大法学部に学士入学しました。なお、この方の奥《おく》さんも、同じ東大法学部を出ていますが、奥さんのほうが、やや優秀《ゆうしゅう》だったようで、司法試験に合格して検事になっています。

佐藤さん自身は、東大に残るものの、一度、立教大学の助教授になっています。その後《ご》、東大に帰ってきて、私が東大に入るころに教授になられたのではないかと思います。

私は、東大在学中、一年ぐらい通年授業を聴いたと思いますが、授業の内容については、かなり忘れてしまいました。

ただ、一つだけ覚えているのは、「私の妻は検事で、給料は七十万円です。東大教授である私の三倍もあります。みなさん、よく覚えておいてください」というようなことを言っていたことです。東大教授の給料の安さがよく分かりました。

でも、それは、当時、まだ佐藤教授が年齢《ねんれい》的に若かったからかもしれません。助教授から教授に上がった段階ぐらいの給与《きゅうよ》レベルだったのかと思いますが、東大教授でも、なかなか三十万円をもらえなかったようです。

一方、検事には七十万円の給料が出ていることを、そのとき確認しました。「けっこう高いな。少しカットしたほうがよいのではないか」と、かすかに思ったことを覚えています。

一九七〇年代のことなので、今であれば、もっと高額でしょう。「そんなに差があるのか」と驚《おどろ》きつつ、「就職先を誤るといけないな」と思ったことを覚えています。

まあ、そういうことを話す方でした。

保守が「傍流《ぼうりゅう》」だった東大政治学

大川隆法　佐藤教授は、最初、学生時代に、共産党運動のリーダーをしていたようですが、途中《とちゅう》で方向転換《てんかん》をなされ、保守のほうに回りました。

六〇年安保《あんぽ》と七〇年安保と、二回、安保闘争《とうそう》があり、七〇年安保もかなり盛り上がりました。私が東大に入ったときには、その余波がまだ大学に残っているような状況《じょうきょう》であり、教授陣《じん》と学生との間《あいだ》に少し距離《きょり》ができていました。

日中国交回復が一九七二年だったので、日本が、「左」に対して、そうとう接近していった時期かと思います。

また、人工衛星の打ち上げ等は、ソ連のほうがアメリカよりも早かったので、そのころ、「共産主義国のほうが工業力は高いのではないか」と言われており、ケネディ大統領がハッパをかけて追いつこうとしていました。

ただ、ケネディのあとにベトナム戦争が始まって、アメリカ人が約五万人も死にましたし、アメリカ軍が枯葉剤《かれはざい》などを撒《ま》いてベトコン（南ベトナム解放民族戦線）を殺しているところが、映像でもかなり流れたため、「ベトナムに平和を！市民連合」（略称《りゃくしょう》「べ平連」）が、けっこう盛《さか》んになっていました。左翼《さよく》運動が非常に強く盛り上がっていたのです。

当時は、まだ、ソ連が十分に強く、アメリカとソ連のどちらが勝つか、分からないような状況でした。また、学生運動等が安保闘争で内閣を倒《たお》そうとデモを繰《く》り広げ、革命が起きる寸前のような感じもありましたし、一九六九年には東大入試が中止になったこともあります。

そういう後遺症《こういしょう》があるなか、私が一九七〇年代の後半に東大に入ったころには、佐藤教授は、すでに保守系の政治学者に変わっていたと思います。

ただ、東大においては、全般《ぜんぱん》的に、まだ「左」のほうが強い状況でした。

私は、駒場《こまば》の教養学部で、一年間、この人に政治学を教わりました。その後、本郷《ほんごう》の専門学部に進学したとき、法学政治学研究科に、「助手として大学に残れないか」と相談に行ったことがあります。

篠原一《しのはらはじめ》教授（現名誉《めいよ》教授）の国際政治学のゼミに出ることになったため、そういう希望があることを書いたところ、同科の高橋進《たかはしすすむ》助教授を紹介《しょうかい》してくれたのです。ちなみに、高橋助教授は、その後、教授になりましたが、在職中に亡くなっています。

この高橋助教授のところへ行き、一時間ぐらい面談していたのですが、そのとき、一階の受付の女性から、内線で、「佐藤先生がお見えになりました」という電話がかかってきました。高橋助教授は、「そうですか」と返事をし、私に、「では、君、これ以上、長く話ができないから」と言いました。そのうちに、佐藤教授が上がってきたのです。

高橋助教授は、当時、まだ若くて三十歳《さい》ぐらいでした。篠原教授は、この人を後継《あとつ》ぎに指名していたため、国際政治学者になるコースには入れない状態になっていて、私も少し困ってはいたのです。

佐藤教授とは、そこで会いましたが、もう一回、何らかの用で私が駒場に行ったときに、構内で会っています。

二回目に会ったときには、「本郷は左翼に〝汚染《おせん》〟されていて無理だから、駒場に来ないか」と誘《さそ》っている感じではありました。駒場の教授陣には、自民党政権のブレーンをしているような人が多く、一方、学問の本場・本郷は左翼に寄っていたのです。

市民運動を応援《おうえん》し、左翼《さよく》寄りの政治思想だった篠原一《しのはらはじめ》教授

大川隆法　例えば、国際政治の篠原《しのはら》教授は、菅直人《かんなおと》氏の市民運動を応援《おうえん》していた

ぐらいです。私は、「なぜか思想的にぶつかるな」と思っていたのですが、菅氏が首相になったときには、菅首相を〝攻撃《こうげき》〟して〝沈《しず》めて〟しまいました。「何か違《ちが》うのではないか」という感覚があって、どうしても、しっくりこなかったのです。

丸山ワクチンという、医薬品として承認されていない、ガンの治療薬がありますが、篠原教授は、ガンに罹《かか》ったとき、「丸山ワクチンを飲んで助かった」ということで、丸山ワクチンを広げる運動を始めたところ、菅氏は、それに食いついてきて、応援してくれたようです。

そのへんで関係ができたらしく、篠原教授は市民運動家を応援していたのですが、この人の政治思想は左翼《さよく》寄りの中道《ちゅうどう》あたりにあったのではないかと思います。

また、篠原教授は、「連合政権の時代」ということを打ち出していました。ヨーロッパの政治史を研究して、「ヨーロッパでは、連立政権だからといって任期が短いことはなく、長くやれている場合もある」というようなことを理論的に本に書き、少し評判にはなったのです。

ちょうど私が篠原教授のゼミに入ったころ、公明党が国会でかなりの数の議席を取ったのですが、自民党が単独で過半数を取れるか取れないかの戦いをしていた時期だったので、篠原教授は、「公明党をピボタルパーティー（要党《かなめとう》）にすれば、連立政権ができる」という理論を提唱していました。

その後、現実に連立政権ができ、公明党は、いまだに、自民党にくっついて、うろうろしています。

一方、私は、それには反対で、「公明党がどんな政党か、知っているのですか。あんなところが連立に入り、それに政権の命運を握《にぎ》られ、振《ふ》り回されたら、きちんとした政治ができなくなるではないですか。連合政権理論は面白《おもしろ》いのですが、危ない思想です」ということで、思想的には、やや対立したのです。

現実は篠原教授の言うほうに行ったのですが、その後、日本のダッチロールが始まったように思います。

思想的に放浪《ほうろう》し、独自に諸学問の統合を目指した私

大川隆法　そういうことで、私は、篠原教授とは思想的に合わず、学問的な放浪《ほうろう》を少ししました。

実は、私は、法学部の1類（私法コース）、2類（公法コース）、3類（政治コース）の全部を履修《りしゅう》しており、法学部を三回卒業したのと同じぐらい勉強している「ミスター法学部」です（笑）。また、力余って、経済学や経営学にまで手を出したり、文学部の科目まで勉強したりしていたのです。

最後には、「これほど気の多い男は〝駄目《だめ》〟だから、自分で諸学問の統合でもするか。経済力をつけ、自分で新しい学問をつくってやろう」などと、〝生意気〟

なことを考えて、思想的放浪をしていました。

学問の傾向性《けいこうせい》が少し違うことを感じていたものの、一九八〇年代は、ソ連とアメリカが冷戦をしていた時代だったので、それは、まだ早すぎた考えだったのかもしれません。

もし佐藤教授に呼ばれて駒場に行っていたら、どうなっていたでしょうか。

当時は、ちょうど舛添要一《ますぞえよういち》さんが助教授になっていたころで、900番教室という大きな教室で授業をしていましたが、人が溢《あふ》れるぐらい人気がありました。ただ、人気がありすぎて嫉妬《しっと》され、学内にいづらくなったようです。彼は、その後、独立し、評論家をしたり、政治家を目指したりするようになったわけです。

私が、この舛添さんの後釜《あとがま》に入れた可能性は少しあるのです。彼も保守のほうだと思いますが、東大では保守が傍流《ぼうりゅう》だったので、学問的には厳しかったと思います。

今、安倍《あべ》政権が憲法改正を目指しているため、共産党が怪気炎《かいきえん》を上げているようですし、最近、もう〝死んで〟いるかと思っていた、岩波書店の雑誌「世界」が、久しぶりに新聞広告を載《の》せているのを見ました。

司法試験などの予備校である、「伊藤塾《いとうじゅく》」というものが渋谷《しぶや》にあり、けっこう流行《はや》っていますが、塾長の伊藤真《まこと》氏が、この「世界」という雑誌に、「憲法九十六条改正には問題がある」というような論文を書いています。

彼は、私より少し下の後輩《こうはい》です。この人は、法曹《ほうそう》をかなり育てているようですが、思想的には、やや「左」に寄っています。

「世界」は、今、公称で一万部ぐらい出ているとのことですが、実数は分かりません。雑誌としては赤字だと思われます。かつては、この「世界」に論文を書ける、東大の政治学の教授が一流で、「『世界』と『朝日新聞』に論文を載せられると、だいたい、これがアカデミズムの本流」という時代ではあったと思います。

ただ、私は、それらとは、どうも肌《はだ》が合いませんでした。

実は、私も「世界」に投稿《とうこう》したことがあるのですが、載せてくれませんでした。立腹《りっぷく》して論文を送ったものの、思想が違うので載せてくれなかったのでしょう（ただし、東大文Ｉ一年生のころの話です）。その意味で、少し〝恨《うら》み〟があるというわけではありません（笑）。

ある助教授は岩波書店の社長の娘《むすめ》と結婚《けっこん》し、あやしげな閨閥《けいばつ》をつくっていました。これは言ってはいけなかったかもしれませんが、変な密着度がありましたね。

ちなみに、私は、卒業の前年、篠原教授から、友人を介《かい》して、「大学に残らないのであれば、朝日新聞にだったら強いコネがあるぞ」と言われたのですが、失礼にも、「行かない」という判断を、一秒もかからないうちにしてしまいました（会場笑）。ずいぶん生意気な学生だったと思います。

思想的に放浪して苦労したのは、しかたがなかったかと思いますが、三十歳まで、いろいろと自分で勉強し、自分なりに道を拓《ひら》いてきたのです。そういう経緯《けいい》です。

大平《おおひら》政権と中曽根《なかそね》政権でブレーンを務めた佐藤教授

大川隆法　（泉と立木に）お二人は、おそらく、駒場にいたときには佐藤教授と時期的に重なっていると思いますが、授業は聴いていますか。ほかの先生の授業を取ったのかな？　もう少し有名な先生がいたのでしょうか。

泉　一学期は、猪口孝《いのぐちたかし》先生（現・東大名誉教授）といって、同じく保守系でしたけれども、自民党の猪口邦子《くにこ》さんのご主人に教わりました。

大川隆法　ああ、あのゴミ出しをする人ですね。

猪口邦子さんは、以前、上智《じょうち》大で政治学の教授をしていました。上智では、渡《わた》部昇一《なべしょういち》さんに次ぐスター教授で、賞をもらったりしていたようです。外国に留学したり、軍縮会議日本政府代表部特命全権大使になったりして、有名になった人です。

その奥さんが本を買いに行くときに、ボディガードというか、荷物持ちをしたり、朝にはゴミ出しをしたりして、一生懸命《いっしょうけんめい》に尽《つ》くしていた人が、東大の先生をしていましたね。

彼は著書もたくさん出しています。法学部卒でないので東大の本流ではありませんが、頑張《がんば》ったほうだと思います。

そういうことで、私自身、本流ではないほうから誘いがなかったわけではないのですが、プライドが許さず、放浪し、宗教家になってしまいました。そういう過去があります。

（小林）早賢《そうけん》さんは、通産省（現・経済産業省）勤務時代に、佐藤誠三郎さんに会ったことがあるそうですね。

「芦部信喜の霊言」のときには、「人によっては、聴いていてチンプンカンプンだった」とのことなので、今日は、政治学のアカデミズムから見たポイントは押《お》さえつつも、なるべく、言葉として分かる話で行きたいと思います。

佐藤教授は保守系の政治学者であり、大平《おおひら》政権や中曽根《なかそね》政権等でブレーンを務めた方です。

最終的な思想は、当会とわりあい近いところにあったと思うので、今の政治状況や当会の活動などについて、何かご意見をお持ちではないかと思います。

単に時事的な問題で止《と》まるのではなく、のちのちにも遺《のこ》るような考え方、筋のようなものを、政治学的視点から教えてくだされば幸いかと思います。

元東大政治学教授・佐藤誠三郎の霊《れい》を招霊《しょうれい》する

大川隆法　前置きが長くなりました。
それでは、招霊《しょうれい》に取りかかります。

（合掌《がっしょう》し、瞑目《めいもく》する）


佐藤誠三郎・元東大政治学教授の霊をお呼び申し上げたいと思います。

私は、教養学部時代に、一年間、先生の授業を受けた者でございます。

今日は、どうか、幸福の科学総合本部にお越《こ》しくださり、われらに、現在の政治状況、および、今後のあるべき政治の姿について、ご教示ください。

また、われらは政党活動も始めておりますので、政治学的な初歩の要点について、いろいろとご指南をくだされば幸いに存じます。

佐藤誠三郎先生の霊、流れ入《い》る、流れ入る、流れ入る、流れ入る、流れ入る。

（約十秒間の沈黙《ちんもく》）

2 「政治学」とは、そもそも何なのか

生前、「大川隆法の活躍《かつやく》」に注目していた佐藤教授

佐藤誠三郎 （一回、手を叩《たた》く）うーん。珍《めずら》しい……ですねえ。

小林 どうもありがとうございます。

佐藤誠三郎 こういう所に、宗教学者ではなくて、私が呼ばれるとは珍しい。

小林 佐藤誠三郎・元東大教授でいらっしゃいますか。

佐藤誠三郎　そうです。

小林　本日は、お越《こ》しいただきまして、本当にありがとうございます。

佐藤教授は、「左」がかった時代において、長らく、日本の政治学のなかの良心とも言うべき存在として、ご活躍《かつやく》なさいました。私も、たいへん、ご尊敬申し上げております。

佐藤誠三郎　ありがとう。君、言葉が上手だなあ。

小林　二、三度、〝潜《もぐ》り〟で授業に入らせていただきました。

佐藤誠三郎　〝潜り〟でねえ。

小林　ええ。〝潜り〟で入らせていただきました。

佐藤誠三郎　人気があったからね。

小林　ええ、非常に。ご著書にも、読みたくなるものが多かったので、何冊かを……。

佐藤誠三郎　おお！　ここは、なかなか〝商売上手〟だねえ。

小林　いえ、リップサービスではなく、考え方の筋が似ていて、親近感がございました。今日は、お迎《むか》えできて、本当に光栄でございます。

佐藤誠三郎　二十世紀の終わりぐらいまでは生きたから、大川隆法さんのご活躍については、私も陰《かげ》ながら存じております。法学部出で、異色の……、まあ、後の表現が言葉として出ないですが、「法学部出で異色の活躍をされている方」ということで、みんな注目はしておったのでね。ちょっと驚《おどろ》きましたけども。

小林　ありがとうございます。

幸福の科学は、今、大学設立を構想しており、「未来創造コース」という、政治学科に当たるコースについても、具体的なカリキュラムづくりに入っております。

今日は、そのあたりも念頭に置きながら、一般《いっぱん》的な方にも分かるかたちで、ご高説を賜《たまわ》ればと考えております。

佐藤誠三郎　なるほど。なるほど。

政治学は、いろいろなものを取り込《こ》んで流れてきている

小林　最初に質問させていただきたいのは、佐藤先生からご覧になって、「本来あるべき政治学とは何か」ということです。

私の学生時代の専攻《せんこう》は経済学でしたが、私には、「政治学とは、どういう学問なのだろう」ということが、分かったようで分からない感じではあったのです。

佐藤誠三郎　うーん。

小林　「政治学では、いろいろな学者が、自らの価値判断に基《もと》づいて、言いたいことを言っている」という部分もあるように見受けられました。

佐藤誠三郎　うんうんうん。

小林　そこで、「政治学は、学問として、どういう部分で人類に貢献《こうけん》し、知的遺産を遺《のこ》したいのか」ということに関し、佐藤先生のお考えをお聴《き》かせいただければと思うのです。「本当は、こういうことが目的なのだ」「政治学とは、本質的に、こういう学問なのだ」という……。

佐藤誠三郎　君、一年間、講義させるつもりか。

小林　いえいえ（笑）。

佐藤誠三郎　そういうわけにはいかんだろう？

小林　大学の授業において、一限目の最初の十分で「政治学とは何か」を語るとすると、どのような感じでしょうか。

佐藤誠三郎　そもそも、ギリシャ哲学《てつがく》のアリストテレスの政治学から始まっているので、けっこう歴史は長いんだよ。あのへんから始まっていて、学問としては確立している。

ただ、まあ、いろいろなものを取り込《こ》んで流れてきているので、政治学という学問が独立してあるのかどうか分からない。

うち（東大）で言えば、「法学部に政治学科があっていいのか。文学部でもいいんじゃないか」という突《つ》き上げはあってさ。もともとは文学部系にあったのでね。

まあ、史学科系のなかにも政治学的なものはあったんだけども、いちおう法学部のほうに移したために、法律学と一体化してきた。法律が分からないと、やはり、今の現代の政治を語れないところがあるので、「法」と「政治」が一緒《いっしょ》の学部に入ったことで、政治学のレベル自体は上がったと思うね。

つまり、文学部の史学科的なところで政治学をやっても、「歴史としての政治学」はありえるんだよ。法学部の政治学科でも、政治家のいろいろなことについて語れるし、政治史についても語れるけど、文学部の史学科でも政治史は書ける。「政治家の歴史」は、歴史のなかへ必ず入ってくるからね。

政治には、経済や文学など、いろいろなものも入ってくる。

一方、法学部だと、それよりも、プラグマティックな思想というか、「実際の法律学も含《ふく》めた上での政治学」ということになるので、そのへんがプラスのところだね。

現代では、「政治家」というと、みんな、「根回しをしたり、調整したり、判断したりするのが仕事だ」と思っているだろうが、実際、英語的には“lawmaker《ローメイカー》”だからね。つまり、「法律をつくる人」が政治家で、まあ、議員だよね。

議員は、実は立法者でもあるわけだから、法律家のようでもある。「法律家でもある人が政治家」ということになっているから、ずっと昔の考えとは違《ちが》うかもしれません。

「法」と「政治」は、わりに一体のもの

佐藤誠三郎　政治の定義のなかには、いろいろなものが流れている。

中国で言うと、「項羽《こうう》と劉邦《りゅうほう》」の劉邦のように、「法三章」、すなわち、「法は三条だけあればよい」と言う人もいれば、秦《しん》の始皇帝《しこうてい》のように、厳しい締《し》め上げをする人もいる。

その前の諸子百家《しょしひゃっか》の時代には法家《ほうか》思想があった。「法律を決め、それに則《のっと》って裁く」というものだね。これだと、「その法律をつくった人が、それによって処《しょ》罰《ばつ》される」ということもありうる。

普通《ふつう》、為政者《いせいしゃ》だったら、全部、自分の命令どおりにやれるけど、「為政者がつくった法律であっても、その法律に反したら、為政者自身が処罰される」というような、法律のほうが優先する思想が、このころに出てきたわけだ。

まあ、商鞅《しょうおう》（紀元前四世紀ごろ）という人の思想は、法家思想とは少し変わっていて、変法《へんぽう》思想と言われているけども、その人が法律に基づいて秦という国家を治めたら、秦は、すごい強国になったよね。

だけど、商鞅は、最後、国外に逃亡《とうぼう》するとき、宿に泊《と》まろうとしたら、自分がつくった法律に引っ掛《か》かって断られたし、その後、捕《と》らえられて処刑《しょけい》され、死体を車裂《くるまざ》きにされた。まあ、悲劇的な最期《さいご》だわな。

今の国会でも、同じく、「これをやったら死刑」という法律をつくったら、それに賛成して法律を制定した政治家であっても、自分がその法律を犯《おか》したら死刑になるね。

今は廃止《はいし》されたかもしれないけども、例えば、「尊属殺《そんぞくさつ》で、自分より目上の人、すなわち、親や祖父、祖母を殺したら、すごく罪が重くなって、無期懲役《ちょうえき》ないし死刑になる」という法律に一票を投じた政治家が、親父《おやじ》と喧嘩《けんか》をして絞《し》め殺してしまったら、その法律が適用されるわけです。

そういう意味で、これは一つの進歩ではあったと思うんですね。

「人が変わるたびにコロコロと変わるようでは、行動指針がないから、まず、法律という抽象《ちゅうしょう》的な約束事をつくり、それに基づいて、政《まつりごと》、政治をやっていこう」という考えが出た。

だから、「法」と「政治」は、わりに一体のものだろうと私は思う。

ユートピア実現に向け、システム的に努力する営みが政治学

佐藤誠三郎　その前は、「人治《じんち》」だね。強権時代は、いつも人治政治だし、それを法治《ほうち》政治に変えていく流れが、近代化の流れかなと思う。

特に、ヨーロッパのほうでは、いろいろな人が出ましたね。

ルソー（フランスの啓蒙《けいもう》思想家）の契約《けいやく》思想も出たし、ロック（イギリスの哲学者）の人権思想も出た。

また、モンテスキュー（フランスの哲学者）の三権分立思想も出た。「一権だけだと必ず専権政治になるから、司法・立法・行政の三権で牽制《けんせい》しながらやる」

という考えであり、少し性悪説が入っていますけども、ある程度、当たっている面はあるね。

近代では、そういう研究をして、「法律というか、一般意志的なものが、国民共通の理念として、人々を統治する」という考えが出てきた。要するに、「独裁者による悪政を防ごう」という流れが出てきた。

でも、「軍事指導者が軍事中心のクーデターを起こし、人治政に戻《もど》して恐怖《きょうふ》政治をする」というようなことが何度も繰《く》り返し行われたね。カンボジアでポル・ポトに二百万人もの人が殺されたこともあるし、近代の中国にも、かなり人治政の部分があったとは思うけどね。

このへんの、いろいろな文明実験の結果、現代が来ているわけだ。

まあ、必ずしも完成されたものではないけども、ギリシャの古代の民主政に淵《えん》源《げん》を持つと同時に、中国の古代のいろいろな思想にも淵源を持っている。もちろん、法家思想だけではなく、「試験によって官吏《かんり》を登用し、行政を行う」という、儒学《じゅがく》のシステムも入っている。

だから、政治学とは、「東洋・西洋の両方の智慧《ちえ》を結集し、いかにして国あるいは地方自治体を治めていくか」ということだ。

つまり、「約束事を守ることによって、人権が侵《おか》されることなく、最大多数が最大幸福を享受《きょうじゅ》できるような世の中をつくっていこう。人間の智慧の力を結集して、できるだけ、理想社会というか、ユートピア社会をつくっていこう。そのために、システム的に努力しよう」とする営みが政治学だね。

3 「法の根源」にある二つの考え方

統治者に関する「性悪説と性善説」が、今、ぶつかっている

小林　今、たいへん重要なことを、おっしゃっていただきました。
統治の法の由来について、先般《せんぱん》お呼びした芦部《あしべ》先生は、「本音で言えば、人間同士の契約《けいやく》だよ」というようなことをおっしゃっていましたが、憲法の起源には、そういう「契約思想的なもの」と、聖徳太子《しょうとくたいし》の十七条《じゅうしちじょう》憲法のような、天から与《あた》えられる「宗教的なもの」の二つがございます。佐藤先生は、「最大多数の最大幸福」を実現するための法の由来に関しては、どのようにお考えでしょうか。

佐藤誠三郎　それは、まさしく、現代ただいまの問題とも関係するんだろう。まあ、（話が）古くなるといけないけども、安倍《あべ》総理が、次の参院選後に、憲法九十六条の定める、憲法改正手続きを緩《ゆる》めることで、憲法改正をしやすくしようとしていることに対し、参院選の投票まで、あと、二、三カ月ぐらいになって、ようやく、澎湃《ほうはい》として、「憲法を護《まも》れ」運動が起きつつありますね。

九条改正ならターゲットは一つだけども、九十六条改正により、「国会議員の三分の二以上の賛成ではなく、国会議員の二分の一以上（過半数）の賛成で（憲法改正の）発議ができ、さらに、国民投票で過半数を超《こ》えたら、（新しい条文が）制定される」ということになれば、憲法をパンパン変えられる。普通《ふつう》の法律の制定より少し面倒《めんどう》くさいけれども、（賛成が）同じぐらいの支持率でも変えられるよね。

「統治者は、下手をすれば、国民に対して悪いことをするので、それを防ぐために憲法がある。だから、変えにくくなっていて当然だ」という考えと、「いや、やはり、そのときの民意で考えればよい。性悪説で全部を考える必要はないのではないか」という考えが、今、ぶつかっているんだろうと思うんだね。

「人より上に立った者、権力を持った者は、必ず、権力のない者を搾取《さくしゅ》し、弾圧《だんあつ》する」という考え方が真理であるか。それとも、「人の上に立つ人には、神に選ばれた、徳のある人が選出され、一種の徳治《とくち》政にならなければいけない。基本的には、徳治政の下《もと》に、それほど悪い統治者は出てこない」という、性善説的な考え方が真理であるか。

「法の根源にあるもの」といっても、実際には、この両方がぶつかっている。

確かに、歴史的には、そうした立派な方が出ることもあれば、悪い者が出ることもある。悪王によって、被害《ひがい》をすごく被《こうむ》った場合には、やはり、統治者を信じなくなってくるわな。

神様のように偉《えら》い王様ばかりは続かない

佐藤誠三郎　一二〇〇年代のイギリスのマグナ・カルタ（大憲章）も、結局、国王が一方的に税金を上げたり、処刑《しょけい》したりするようなことができないように、「みんなの合意を得なければいけない」ということを定めたわけだ。

そういうものがイギリスで始まったけど、あれは一種の国会みたいなものの始まりだよね。

結局、国王というのは終身制だから、悪さができる。今だって、（日本政府は）税金上げをしようとしているけど、やはり、選挙があるというのは、一つの歯止めにはなっているわね。

為政者《いせいしゃ》の立場に立てば、税金は、九十パーセントでも九十五パーセントでも、取りたいだけ取りたいよね。そらあ、できるだけ欲《ほ》しい。

だけど、（税率を）上げられない。実際上は、その板挟《いたばさ》みで、統治上、困ってはいるんだけどね。

「これをどう見るか」ということには、確かに、思想・信条の問題があるかもしれない。王様というのは、みんな悪王なのかどうか。

王制のもとは、「王権神授説」だろう。古代に戻《もど》れば、現在、神話で「神様」と呼ばれている者は、きっと、王様か、帝《みかど》か、それに値《あたい》するような身分や地位のある偉《えら》い方だと思いますよ。あるいは、軍事的英雄《えいゆう》だね。

そういう活躍《かつやく》をした方が、実在の人物と思われていないために、たぶん、神話上の神様になっているんだと思う。

まあ、そういう神様のような人ならいいんだけど、「現実には、そういう人ばかりは続かない」ということが一つある。

全体のレベルを向上させた「大衆教育」の普及《ふきゅう》

佐藤誠三郎　あとは、人口が増えてきて、マスメディアが発達したのと同時に、マスエデュケーション、すなわち大衆教育が普及《ふきゅう》して、全体のレベルが上がってきたことがある。

昔は、一部の人だけが教育を受けていた。例えば、貴族に生まれたら、家庭教師が付いて勉強ができたから、賢《かしこ》くなれたけども、一般庶民《しょみん》は勉強できないので、知力にものすごい差があったね。

だけど、それが、日本だったら、明治維新《いしん》以降、義務教育制度ができて、庶民も学校に行けるようになり、底上げができた。

それで、だんだん、小学校に上がれて、中学に上がれて、今は、高校が全入に近づいてきて、大学も入りやすくなってきている。全体のレベルが上がってきたから、「みんなで投票をして過半数で決しても、そう大きな間違《まちが》いは起きないのではないか」ということだね。

まあ、「東大出のエリートが独善で決める」という道もあるかもしらんけども、例えば、明治時代の東大卒と、今の東大卒とでは、「偉さ」が違う。

明治時代には、そもそも大学に行く人が百人に一人ぐらいしかいなかったし、そのなかの「東京大学」と言ったら、今より、もっともっと偉くて、最初から上座《かみざ》に座《すわ》っているような人が多かった。

しかし、今は、東大といえども、早稲田《わせだ》や慶応《けいおう》、京大《きょうだい》、その他の大学に侵食《しんしょく》されたり、海外の大学にも押《お》されたりして、ワン・オブ・ゼム（one of them）になりつつある。韓国《かんこく》のソウル大学や、中国の北京《ペキン》大学にも、そうとう競争をかけられて苦しんでいるぐらいなので、完全独走ができないようになってきているよね。

これは、苦しいと言えば苦しいが、突出《とっしゅつ》して偉くなる方法が、そんなになくなってきているわけだ。

そういう意味で、流れとしては、やはり、「全体の民意で判断していく」という方向に流れていっているし、全体の民意をはかるためには、やはり、「規則ないしは約束事を守る」という考え方のほうが、普遍《ふへん》性が高くなってきているのではないかな。それが、私の考えですね。

小林　ありがとうございます。

佐藤誠三郎　うん。

4　政治の善悪を判断するポイント

動機は「善」でも、結果が悲惨《ひさん》なら「悪」になるのが政治

小林　すみません。聴衆《ちょうしゅう》のほうの希望もございますので、もう少し具体的なことをお伺《うかが》いしたいと思います。

佐藤誠三郎　ああ、はい。

小林　先ほど、中国の商鞅《しょうおう》の話も出ましたが、佐藤先生のご専攻《せんこう》を、あえてタイトリングすると、政治外交史あたりが中心になると思います。

そこで、佐藤先生の視点、佐藤政治学の視点から、古今東西、日本や中国、西洋を含《ふく》めてご覧になったときに、注目すべき人がいれば、お教えいただきたいと思います。政治思想家で、「この人とこの人は、勉強するに足る」と評価できるような人、あるいは、実際の政治家として評価できる人などがいるでしょうか。

佐藤誠三郎　政治はねえ、動機が善でも、結果が悪かったら、やはり悪にはなるんだよね。

動機としては、いい動機でやったとしても、結果として、国にとって悲惨《ひさん》な結果、あるいは、国民にとって悲惨な結果が来たら、残念ながら正当化はされない。そのへんが難しいところだね。

結果が悪く国民に見放された民主党政権

佐藤誠三郎　例えば、前回の民主党政権だって、動機は善だったかもしれないけども、よくない結果が出てきて、みんなに見放されたよね。鳩山《はとやま》さんにしても、「東アジアを平和の海にしよう。平和友好の関係をつくろう」と言っていたのは悪くないよね。宗教側から見ても、これは肯定《こうてい》できる考え方だと思う。

ただ、「考え方のなかに、ちょっと抜《ぬ》けているところがあるのではないか」という、鋭《するど》い批判はあったと思う。結果としては、残念ながら、「カモにされた」というところがあるわな。実際には、「日本は、ずる賢《がしこ》い国に囲まれていて、そんなボンボン（育ちのいい人）に、うまくやらせてくれるような世界ではなかった」という結果が出たわな。

菅《かん》さんの市民運動にしても、市民の立場としてはいいかもしれないが、国家の権力者の立場に立ったら、やはり、全体を考えなければいけない。「最小不幸社会」というのは、要するに、早い話がマザー・テレサの政治版だよな。

つまり、貧民窟《ひんみんくつ》みたいなものを減らしていけば、最小不幸社会ができるよな？「マザー・テレサが宗教家としてやっているようなことを、政治家でやる」ということだから、宗教的には十分に共感を呼ぶようなことではある。

けれども、日本全体が、実は、だいぶ豊かな国になっているために、最小不幸社会をつくるだけでは、要するに、「不幸なところを見つけて、そこを少しよくする」というだけでは、国民の九十パーセントは置いてけぼりに遭《あ》うわけですよ。

それでは、ほかの人たちは、やはり納得《なっとく》しない。「そんなことを言って、その十パーセントのところは、少しよくなったかもしれないけど、残りの九十パーセントが下がってきたのでは、たまったものではない。（全体として）不幸の量のほうが多くなるではないですか。最小不幸を解消しても、みんなの幸福が下がってきたのでは、話になりませんね」ということだ。

だから、結論的に、「動機が善でも、結果は善ならず」というところが、鳩山、菅のときに出たと思うんだよね。

まあ、野田《のだ》さんのときには、別の事情もあったかもしれませんが、消費税増税を強行し、民主党のマニフェストと違《ちが》うことを、同じ政党のなかでも思想的にはちょっと保守の考えがある人がやってしまった。

自民党は、その前に、確か、「消費税を五パーセントから十二パーセントに、七パーセント上げる」という案を持っていたと思うけど、（二〇〇九年の衆院選では）「四年間は消費税を上げません」と言っていた民主党がボロ勝ちしたのに、その民主党政権の三代目で、「消費税を上げる」と言い出したあたりで、国民の気持ちが離《はな》れていったよね。

「嘘《うそ》をついた」ということもあるし、対中国で、ちょっと味噌《みそ》を付けたところもあった。

まあ、「財務省の官僚《かんりょう》と仲良くやれば、統治ができる」と思ったんだろうけど、やはり民意が離れていって、結局、駄目《だめ》になった。

日本の「平安時代」や中国の「貞観《じょうがん》の治」等は理想的

佐藤誠三郎　要するに、政治は、「動機が善なるも、結果が悪なら駄目」ということだ。まあ、「動機が悪で、結果が善」というのも、たまにあることもあるので、何とも言えないんだけども、基本的に、重みは結果のほうにあると思うんですよ。

例えば、動機においては、好戦的で戦争が好きな為政者《いせいしゃ》であったとしても、「その人が非常に勇猛果敢《ゆうもうかかん》なために、結果的に、近隣《きんりん》の国はどこも攻《せ》めてこなくて平和が続いた」というのなら、結果は善だよね。結果は善だと言える。

武田信玄《たけだしんげん》でもいいし、上杉謙信《うえすぎけんしん》でもいいけども、そういうタイプの政治家が出て、あまりにも強いために、「とてもじゃないけど敵《かな》わん」ということで、領民が安心して暮らせるならば、そういう場合でも、動機は必ずしも善かどうかは分からないけど、「結果は善である」ということはありえると思います。

だから、武力政治みたいなものでも、平和が続いて、生活が安定し、繁栄《はんえい》が来るようであれば、悪くないこともありえるからね。完全な百パーセント（の善）は狙《ねら》えないけども、そういうこともないとは言えない。

ただ、理想としては、「戦争もなく、民《たみ》が潤《うるお》って、文化が花開く」というような時代が、やはり望ましいとは思います。

日本で言えば、そうだねえ、平安時代みたいなものは、やはりいいような気がするね。三百五十年間、戦争もなく、死刑《しけい》もほとんどない時代が続いて、文化が花開いた。仏教や、あるいは神道《しんとう》系もあったかもしれないけども、そういう宗教も花開いた時代だった。

また、中国で言えば、唐《とう》の時代等にも、ある程度、いい時代があったのではないかなと思う。「貞観《じょうがん》の治」（唐の皇帝《こうてい》・太宗《たいそう》の治世）なんかは、なかなか人気がありますよね。そういうところもいいのではないかなと思います。

あとは、まあ、ヨーロッパでは戦乱が多かったので、もう、何とも言えないね。ナポレオンも、戦争屋ではあるけども、法律もつくったりして、ちょっと、ややこしい。まあ、最終的には大成しなかったので、五分五分かねえ。

南北戦争を行ったリンカンが尊敬される理由

佐藤誠三郎　アメリカでいちばん尊敬されているのは、リンカン大統領だろうし、今、映画もやっているんだろうと思うけどね。映画もたくさんつくられたりして、尊敬されているけども、「六十万人以上のアメリカ人が死んだ」という、アメリカ史上最大の戦争（南北戦争）をやった。

日本と戦争しても、アメリカ人は六十万人も死んでいませんからね。当時のアメリカの人口は、日本とそう変わらなくて、たぶん、三、四千万だと思われるから、「六十万人が死んだ」ということは、今で言えば、六百万人ぐらい死んだ感じに近いと思うんですけど、リンカンは尊敬されている。

しかし、あの時代に住んでいた人たちは、たまったものではなかっただろうね。国が二分し、それを統合しようとして戦争が起き、その結果、統合された国が、そのあと百何十年続いているので、「よかった」という感謝の念が強いんだろうけども、その時代に生きていた人にとっては、やはり、屍《しかばね》の山だったし、「（南北戦争が）本当に正しいかどうか」については、北軍の人にも迷いはあったと思うんだよ。南部の人たちは権利を持っていたからね。奴隷《どれい》制度も財産権だったのでね。

綿花のプランテーション（大規模農園）等、豊かな南部は、そうした奴隷制度に支えられていて、その制度は、もう百年も二百年も続いていたものだったので、それまで続いていた権利を全部奪《うば》われ、「あなたがたは、黒人と同じようになるんだよ」ということに納得しないで戦うことにも、当然、一分の理はあるわな。

だから、そうした、権利を奪われる人のために戦う人が出てくるのは当然だったと思うけども、結果は、北軍が勝利した。北部には奴隷が少なくて、そういう綿花のプランテーションもなく、利害があまりなかったから行けたけれども、けっこう際《きわ》どいことだったね。

歴史に「イフ」があれば、どうなっていたか。もし、リンカンのほうが負けていたら、アメリカは南北二つに割れていたと思われる。

南北二つに割れていたらどうなるかというと、その後、アメリカによる他国の侵略《しんりゃく》はなかったこともありえるわけだ。アメリカによる他国への侵略がなかったならば、どうだったでしょうね。ヨーロッパの国のほうが強くなったかもしれないし、ソ連なんかも、どうなったかは、ちょっと分かりませんね。

もしかしたら、ソ連が世界帝国になっていたかもしれない。歴史に「イフ」はないけれども、そのへんには、読めない面がありますね。

アメリカ人にとって、リンカンは神のような存在だったでしょうけど、その時代が幸福だったかどうかは、何とも言えないね。

私の感じとしては、「平和な時代が、ある程度続いて、みんなが、ある程度豊かで、文化の高まりがあるような時代をつくれたら望ましい」と考えています。

5 政治家に求められる資質とは

徳のある人がなかなか生き残れない「永田町《ながたちょう》の現実」

泉　佐藤先生、本日はありがとうございます。

私は、佐藤先生がちょうど授業をおやめになる直前に入学したのですが、当時の学生の間でも、佐藤先生のお名前は非常に有名でした。確か、駒場《こまば》でゼミをされていたと思うのですが、非常に人気の高いゼミだったと思います。

佐藤誠三郎　なんか、みんな言葉が上手になって、前回に学習したのかな？（前《ぜん》掲《けい》『憲法改正への異次元発想』参照）

泉　（笑）私も政治学を勉強したのですが、特に佐藤先生の『共同研究「冷戦以後」』は、確か中曽根康弘《なかそねやすひろ》さんや西部邁《にしべすすむ》さんなどとの共著だったと思うのですけれども、非常に勉強になりました。

特に、私は、今の政治学において欠けているのが、「リーダーシップ論」であると思います。

佐藤誠三郎　うんうん。

泉　いろいろな政治学がありますが、今は、統計を重視した数字的なものがけっこう主流になっていて、「個人に着目した政治学」が下火になっています。

佐藤誠三郎　うーん。

泉　佐藤先生は、中曽根元首相とも交流しておられ、中曽根内閣のブレーンだったわけですが、中曽根元首相は政治家として非常に成功されたと思います。

そこで、政治家のリーダーシップや、総理としての帝王学《ていおう》など、政治家には、どのような資質が必要だと思われますでしょうか。

佐藤誠三郎　やはり、差はあるとは思うんですよ。

中曽根さん（守護霊《しゅごれい》）にしても、大平《おおひら》（正芳《まさよし》）さんにしても、まだここへお呼びしていないんじゃないかな。まあ、一回、呼ばれたらいいのではないかと思うけども、中曽根さんも宗教心はすごくある方ですし、大平さんも敬虔《けいけん》なクリスチャンですので、まあ、はっきり言って善人ですよね。

そのような、ある程度、徳のある方が、ああいう権力闘争《とうそう》の激しい永田町《ながたちょう》で生き残るのは、なかなか難しいことですわね。中曽根さんも、少数派閥《はばつ》の時代がずいぶん長かったですから、運が回ってこなければ、そう簡単に政権には就《つ》けなかったと思うけど、いざ、やらせてみたら、けっこう人気が出て長期政権になり、五年もやりましたよね。

だから、「やらせてみたら（首相を）できる人が、実際には、なかなか多数を取れない」というのが、永田町の現実だよね。

スター性のある人が選ばれやすくなる「計量政治学」

佐藤誠三郎　大平さんは急逝《きゅうせい》されたけども、人間的には立派な方であっただろうと思います。しかし、どちらかと言うと、そういうことよりは、（外見的な）印象などで選ばれることが多いし、マスコミは、言葉尻《じり》を捉《とら》えて攻《せ》める傾向《けいこう》が非常に強くなってきている。

例えば、失言等で追い込《こ》んでいったり、あるいは、「私生活でこういう贅沢《ぜいたく》をしている」とか、「公人にあるまじき振《ふ》る舞《ま》いをしていた」とか、そういうことを言って攻めたりする。そのような、いわゆる〝下半身攻撃《こうげき》〟が多くて、それにやられることが多いので、必ずしも、昔から言うような、「天意を受けた人が選ばれる」という状況《じょうきょう》になっているかどうかは厳しいところですね。

方向的に言えば、統計を重視した、いわゆる計量政治学的なものでいくと、はっきり言って、スターみたいな人のほうが選ばれやすい傾向はある。

アメリカでも、俳優が知事や大統領になっているから、一概《いちがい》に否定はできませんけどね。「大勢の人の気持ちをつかめる」というのは大事なことなので、まあ、否定はできませんけれども、若干《じゃっかん》、残念なところはありますね。

政治家の場合、見てくれが悪くても、中身がいい人もいることはいるし、強いことや極端《きょくたん》なことを言う人のほうが、結果的には、いい政治をやってしまうこともある。

「現状維持《いじ》」こそがマスコミの本質

佐藤誠三郎　（それが分からない）マスコミには、秀才《しゅうさい》ではあるんだけども、ある意味で、凡人《ぼんじん》の集合みたいなところがあるね。だから、このへんのマスコミ対策、および、支持率操作ができる人でないと、今は、政治家として、なかなか勝ち上がれないところがある。

また、仲間が押《お》し上げてくる場合でも、やはり、「（その人を立てれば）票が取れる」とか、「支持率が取れる」とか、そういう人を選んでくる傾向があるので、「いちばんいい人が選ばれるシステムかどうか」は、疑問がありますね。

そういう統計分析《ぶんせき》で判断するのは、科学的ではあるとは思うんだけど、必ずしも、成功しているかどうかは分からない。

あなたがたも、（マスコミから）投票数で判断されて、厳しい思いをなされているんだろうけども、主観を入れないで、数だけで割れば、「泡沫《ほうまつ》候補であるか、本命であるか」というだけの差になるよね。

マスコミも、どちらかと言えば、本当は現状維持《いじ》に近くて、「なるべく変えたくない」というのが本質だね。

だから、「自分たちの言うことをきく政権になるなら、変えたい」というようなときはあるけども、前回、民主党政権で手痛い目に遭《あ》ったので、今は、少しおとなしくはなっている。要するに、「マスコミは政治責任を取れない。政治責任は政治家に取ってもらわないといけなくて、もしマスコミが取るんだったら、潰《つぶ》れてしまう。そういう可能性が出てきた」というところかねえ。

参議院は「良識の府」として機能できるか

佐藤誠三郎　今、この強いマスコミ下で、それを説得し、国民を引っ張っていけるほどのリーダーシップを取れるかどうか。

そうとう演説もうまく、知識も豊富でないといかないだろうけど、現実は、「どぶ板政治」というか、一軒《いっけん》一軒、挨拶《あいさつ》をし、握手《あくしゅ》をして回らないと、票がもらえないような状況なので、インテリにはつらい仕事ですわね。はっきり言えばね。

だから、会社の社長とか、官僚《かんりょう》でも「出世できる」と思うような人とかが、政治家に転身するのに抵抗《ていこう》があるのは、要するに、「どぶ板政治家になるのは、ちょっとつらい」というところがあるからなんだ。

その意味では、参議院も、「良識の府」として、必ずしも機能していないかもしれないのでね。

昔、明治憲法下では、勅選《ちょくせん》議員というのがあって、貴族院には、国の功労者みたいな偉《えら》い人がいた。勅選とは、「天皇陛下が任命される」というかたちで選ばれることですね。こういう貴族院というのがあった。

これは、いわゆる一般庶民《いっぱんしょみん》による投票ではないかたちで選ばれたものなので、今では支持を受けないだろうけど、ある意味で、貴族院の存在意義はあったと思うんですよね。

自分で、タスキをかけてマイクを持ち、どぶ板選挙をやらなくても、「この人は、十分、立派な見識を持っている」ということで選ばれるわけだ。どぶ板選挙をやるのは、偉い学者さんなんかには、ちょっとつらい仕事だよね。社長さんにもつらいでしょうし、明治の大立者《おおだてもの》になったような人たちにも、つらいところがあるでしょう。

そういう人たちを選んだ貴族院というのは、機能としてあってもいいし、何かのときに、ブレーキ役というか、政治が暴走しないような歯止め役にはなれたと思う。

だけど、今は、（参議院も）同じようなかたちの選挙で選んでいて、参議院の場合、知名度が高い人のほうが、やや有利ではありますけども、二院制が本当に機能するかどうかについては、「非常に難しい」という感じはあるわなあ。

「かくあるべしの政治」を目指して戦う幸福実現党

佐藤誠三郎　だから、私は、今、君たちがやっていることは、一つの戦いかなとは思いますよ。「宗教政党というのが、ありえるかどうか」というのは、何て言うか、「ザイン（かくあり）の政治」ではなくて、「ゾルレン（かくあるべし）の政治」だよね。そういう「かくあるべしの政治を目指している」ということが、国民に通じるかどうかだよね。

かくあるべしの政治、要するに、理想的政治というのは、国民の耳にはなかなか届かない。現実に、「高校を無償《むしょう》にしてくれる」とか、「幼稚園《ようちえん》や保育所を拡充《かくじゅう》してくれる」とか、そういう目に見えるもののほうは選びやすいけど、国民には、「理想的なことだけでは、なかなか納得《なっとく》しない」というところがあるわなあ。

6 「東アジア情勢」の分析《ぶんせき》

日本が今まで侵略《しんりゃく》されずに続いてきたのは「奇跡《きせき》」に近い

小林　今、再三、以前の民主党政権に対するコメントを頂きましたが、民主党政権の問題のなかで、特に大きなものに、「中国の問題」があります。

佐藤誠三郎　うん、うん。

小林　われわれは、中国に対して、「無神論国家である」というところも含《ふく》めて、かなり反撃《はんげき》を加えていますし、それと同時に、「中国問題は、そういう大国のそばにある島国・日本が持つ、ある種の政治的な宿命でもあるのだ」という部分も合わせてアピールしています。

けれども、われわれ宗教家の立場から、そういう話をしても、世の中の人は、今一つ、ピンとこないような状況《じょうきょう》にあります。

この部分は、まさに、先生のご専門でもございましたので……。

佐藤誠三郎　うんうんうん。

小林　日露《にちろ》戦争とか、明治維新《いしん》の由来とか、さらに遡《さかのぼ》れば、天智《てんじ》天皇とか……。

佐藤誠三郎　うーん（笑）。

小林　こういう、一貫《いっかん》した長い歴史的背景を究《きわ》められた佐藤先生の視点から、「やや独裁主義的、覇権《はけん》主義的な大国のそばに〝居《きょ》〟を構える島国の政治というのは、どうあるべきなのか」ということについて、日本国民向けにご高説を頂けるとたいへんありがたく思います。

佐藤誠三郎　いやあ、それは厳しいよ。こんな国がねえ、少なくとも二千年、あるいはそれ以上続いてきたということ自体が、奇跡《きせき》に近いと思うね。だから、侵略《しんりゃく》されて当然だったでしょうね。小さな島国ですから、侵略される可能性はあったと思いますよ。

日清《にっしん》・日露で勝ったのも奇跡に近いですけども、それ以前に侵略されてもおかしくはなかったと思うし、蒙古《もうこ》が二回襲来《しゅうらい》し、二回とも敗れるということ自体、ちょっと神業《かみわざ》に近い。確かに、日本人が「神風《かみかぜ》」を信じるだけのことはあるわね。

当時のモンゴルは、世界帝国《ていこく》として見たら、最強に近い国でしたからねえ。モンゴルがあんなに強かった時代は、あの時代しかありません。ヨーロッパは、もう全然敵《かな》わなかったので、最強でしょう。

あれを二回も撃退したというのは、すごいことだから、この国は守られている面もあるのかなと思いますけどね。

「中国の本質」を見破っていたのは大川隆法だけ

佐藤誠三郎　それで、中国の問題から行くけども、昨日も、中国は、例のごとく、「琉球《りゅうきゅう》（沖縄《おきなわ》）は、もともと中国のものであり、清《しん》朝時代には中国の属国だったのを、日本が武力でもぎ取ったのだ」みたいなことを言い出している（注。五月八日、中国共産党の機関紙「人民日報」が、沖縄の領有権をほのめかす学者の論文を掲載《けいさい》。翌日、日本政府は中国政府に抗議《こうぎ》した）。

琉球、つまり沖縄が中国のものだったら、もう、尖閣《せんかく》問題なんかないわけですよ。沖縄が中国のものなら、「尖閣は、当然、中国のもの」ということになるからね。中国は、尖閣問題をやっているうちに、「沖縄も中国のものだ」と言い出したので、向こうのほうがかなりあくどいですよ。何重にもあくどい。

だから、日本の政治家は、やはり甘《あま》いですね。まあ、私からは、ちょっと言いにくいけども、まともにこれを見破っていたのは、大川隆法さんだけではないですか。自民党の政治家でも、もっと甘かったと思う。

民主党は、もっともっと大甘ですよね。朝貢《ちょうこう》外交ではないけど、中国に大勢の議員まで送って、「中国と仲良くすれば、経済圏《けん》が大きくなって、不況からも回復して、いっそう繁栄《はんえい》する」と言い、そのあとが、これですからねえ。「国（中国）の本質を見抜《みぬ》いていない」というのは、すごかった。

ただ、自民党でも、実際には、けっこう左寄りの政権がありました。安倍《あべ》のあとは……、福田《ふくだ》かな？　息子《むすこ》さんのほうの福田政権もありましたね。あのときも完全に左寄りで、中国のご機嫌《きげん》取りになっていましたよね。

「中国のご機嫌を取り、韓国《かんこく》や北朝鮮《きたちょうせん》など韓半島のご機嫌も取らないと、日本が存在できない」みたいな状態で、「いつの間に属国になったんだ？」と訊《き》きたくなるような感じだった。（日本は）宗主国《そうしゅ》だったほうだけど、属国になったよね。

「戦略思考」が欠けている韓国《かんこく》の大統領

佐藤誠三郎　今、韓国《かんこく》の女性大統領（朴槿恵《パククネ》氏）が、アメリカの大統領に会いに行って、「日本には歴史認識を正してほしい」みたいなことを、あっちで訴《うった》えたりしていたけど、あれは、ちょっと狂《くる》うてますね。今、北朝鮮との紛争《ふんそう》を抱《かか》えて戦っているときに、「日本の歴史認識を正せ」などということをアメリカ大統領に言いに行くなんて、「もう勝手にしろ」という感じになるわね。

これは、頭が悪い。はっきり言って頭が悪いと思います。戦略思考がないね。今は、そんな時期ではないです。個人的に、主観的にどう思おうとも、それを少なくとも棚上《たなあ》げして、日・米・韓の同盟関係を強化しなければ危ない時期だと思う。

それが分からず、いまだに国民受けを狙《ねら》って、ああいうことを言わないとおれない。そういうところは、まあ、器《うつわ》が小さいね。

韓国は、いつも、ロシアや中国に侵食される危機に直面しているけど、日本に対しても、「いつも口で攻撃《こうげき》しておかないと、いつ日本が軍事国家化して攻《せ》めてくるか分からない」という恐怖《きょうふ》を感じているわけよ。

「北の脅威《きょうい》を利用して、安倍政権が日本を軍事大国化させたら、また、いつ、北ではなくて、今度は南から攻めてくるかも分からない」と、向こうは思っていて、それが先に出てしまっているわけだね。

幸福実現党の正しさを伝えない「マスコミの偏向《へんこう》」

佐藤誠三郎　だけど、今、中国は、「琉球も中国のものだ」と言うぐらいの強気です。習近平《しゅうきんぺい》になってから、特にすごいようですので、大川さんの読みがいちばん当たっていると思いますよ（注。二〇一〇年十月、習近平氏の守護霊霊言《しゅごれいれいげん》を収録したところ、同氏がチンギス・ハンの生まれ変わりであり、世界皇帝を目指していることが判明。習近平体制発足《ほっそく》後は、中国の覇権主義はさらに強まると見て、警鐘《けいしょう》を鳴らし続けてきた。『世界皇帝をめざす男――習近平の本心に迫《せま》る――』〔幸福実現党刊〕等参照）。

やはり、この人（習近平）の本質を見抜かなければいけない。この人は、国際政治なんて全然分かっていません。一国大国主義で、経済もよく分かっていないと思います。

まずは、「略奪《りゃくだつ》経済」しか、基本的に分かっていないですね。軍国主義による「略奪経済」、あるいは、「朝貢経済」みたいなものを、基本的に考えていて、「資源を確保しさえすれば、自分の国の経済を大きくできて、ほかの国に言うことをきかせられる」という感じで思っている。

これは、やはり、「恐《おそ》るべき敵だ」と、基本的に考えていいと思いますね。だから、国民に言うとするならば、基本的に、幸福実現党が言っていることは一貫して正しい。ところが、「その一貫して正しいことが、国民に『正しい』と思われていない」ということは、やはり、「マスコミの〝フィルター〟が歪《ゆが》んでいる」ということだと思う。

(マスコミは)「これを伝えないほうが、倫理《りんり》的に正しい」と判断したんでしょう? 「宗教の考え方を伝えて、宗教の布教《ふきょう》を手伝うようなことは、倫理的に間《ま》違《ちが》っている」という考えがあり、ある意味で、「宗教は、みな、オウム真理教と同じようなものだ。その仲間だ」というような〝フィルター〟がかかっている。そのこと自体に、マスコミの偏向《へんこう》があるわけで、「社会の木鐸《ぼくたく》」としては、やはり、十分ではないと言えるね。

「米ソ冷戦の終焉《しゅうえん》」を見抜《みぬ》けなかった東大の国際政治

立木　本日は、本質を突《つ》いたお話を頂きまして、本当にありがとうございます。

佐藤誠三郎　はい、はい。

立木　先ほど、大川総裁や幸福実現党の先見性についてご指摘《してき》いただきましたが、佐藤先生ご自身も、冷戦が終わった直後に、「国際秩序《ちつじょ》の形成のために、日本から、いろいろな構想を出すべきである」と言われたり、あるいは、そのころから、すでに、「集団的自衛権の行使を認めたほうがいい」と提言されたりしていました。

佐藤誠三郎　うん、当然ですね。

立木　それから、亡《な》くなられる直前にも、北朝鮮を分析《ぶんせき》されて、「当面、体制崩《ほう》壊《かい》はないから、日・米・韓で、しっかり抑止《よくし》をやっていくべきだ」という、極《きわ》めて……。

佐藤誠三郎　君、よく勉強しているじゃないか。

立木　ありがとうございます。

佐藤誠三郎　政治学科か？　なかなか、よく勉強しているな。さすが塾長《じゅくちょう》だ。

立木　いえいえ。非常に的確な、本当に素晴《すば》らしい先見性をお示しいただいていると思います。

政治にも、いろいろな考え方がありますし、イデオロギー的な立場もありますが、そういうなかにあって的確な判断ができるためには、政治の学び方として、どのようなところを中心にやっていけばよいのでしょうか。

佐藤誠三郎　いやあ、東大が間違ったんだよ。だから、大川隆法先生を、東大の国際政治の教授で置くべきだったんだ。

そうしたら、間違っていない。八〇年代からあと、全部、間違っていない。東大の国際政治は、（米ソの）バランス・オブ・パワー（勢力均衡《きんこう》）で、とにかく、「その体制は永遠に変わらない」と言っていたんだ。「ソ連対アメリカの拮《きっ》抗《こう》するバランスのなかで、日本は、かろうじてスイスみたいに中立して生き抜《ぬ》いていけ」みたいなのが、だいたい基本の考えだったので、ちゃんと、大川隆法さんに国際政治のポストをやっておけば、十年早く時代が変わったんだよ。

7　アカデミズムの「機能」とは

学者一人でも、けっこうできることはある

小林　その点に関連して、質問させていただきたいのですが、佐藤先生ご自身は、駒場《こまば》の教養学部におられたので、お弟子《でし》さんには、けっこう学者さんが数多くいらっしゃいます。

佐藤誠三郎　うーん、うん。

小林　やはり、本郷《ほんごう》のほうでゼミを持っておられなかったので、「政治家や官僚《かんりょう》、

外交官、マスコミの幹部等に、人材を輩出《はいしゅつ》していく」ということとは、少し距《きょ》離《り》があったように拝見いたします。

佐藤誠三郎　そうだね。

小林　そこで、歴史の「イフ」として、もし、佐藤先生が本郷のほうでゼミを持っていて、例えば、毎年、十人ぐらいずつ、弟子を政界・官界へ送り続ける立場にあったとした場合、佐藤先生であれば、何を教えるのでしょうか。あるいは、将来の為政者《いせいしゃ》たちに何を叩《たた》き込《こ》まれるでしょうか。

佐藤誠三郎　まあ、それは、人一人でもできることはあるからねえ。京大みたいな、学校丸ごと左翼《さよく》みたいな大学でも、高坂正堯《こうさかまさたか》とかは、やはり保守の政治学者として、あれも国際政治のほうが中心かと思うけど、ちゃんと教えていました。

だから、一人でも、けっこうやれることはあるんだよ。

ただ、私は、「文学部から法学部に入り直し」という、経歴的にやや本流ではないので、なかなか、そういう扱《あつか》いはしてもらえなかったとは思いますけどね。ちょっと異質ではあったのでね。

まあ、勉強も、もう一丁、成績が足りなくてね、ゴマをすって、何とか残してもらったほうだった。東大の助手として残るには、専門学部で「優」が三分の二以上、要《い》るんだけどね。私は三分の二もなくて、半分を超《こ》えるのがやっとだったので、ちょっとゴマをすりすりした。「ゴマをすった」というのは言い方が悪いけど、何とか取り入って、残してもらう方向で頑張《がんば》ったんだよ。

官界や実業界に入れば、自動的に「保守化」してくるもの

佐藤誠三郎　「毎年、十人ぐらいの弟子を……」というのは、そんなに大した「イフ」ではないかもしらんけど、どうかねえ。でも、「官界に入ったり、実業界に入ったりした人は、自動的に、けっこう保守的な考え方を持ってくるようになる」というのが普通《ふつう》なのでね。

学校で教わっても、自分で自立していく過程で考えは変わるから、まあ、それでいいんじゃないかとは思うんだけどねえ。

（変わらないのは）あの人ぐらいでしょう？　最近、中国大使をやった丹羽《にわ》（宇一郎《ういちろう》）さんは、元・伊藤忠《いとうちゅう》の会長？　あんな全学連の委員長だか何だか知らんが、リーダーをやっていたような人が、「商社で社長や会長をやる」ということ自体が、まあ、普通ではない。

あの会社は本当に大丈夫《だいじょうぶ》かね？　中国での商権を取りたくて、媚《こび》を売ったのかもしらんけどね。

全学連出身で、左翼シンパのまま、トップまで行ったからねえ。「よく、あれで行ったなあ」と思うけど、まあ、労働組合対策がうまかったのかもしれない。なんか、労働組合対策がうまくて、社員のまとめがうまくいったのかもしらんが、やはり、全学連で鍛《きた》えたアジテーション（煽動《せんどう》）で、上へ行ったのかもね。

ああいう人もいるけど、一般《いっぱん》的には、そうならない。やはり、「資本主義の原理」で鍛えられているうちに、学問、アカデミズムとは別に、「資本の論理」を勉強してくるのでね。

「労働者が働いていて、能力もない一部の経営者が、搾取《さくしゅ》している。働きもしないで、ピンハネして、左うちわでいい生活をしている」なんていうことは、実際に経営者をやった人であれば、そんな甘《あま》いものではないことぐらい、みんな分かっていますよ。

経営者は、夜も寝《ね》ずに、考えに考え、血の小便を出しながら働いているものですよ。それはそのとおりですよ。労働者は、五時から遊ぶことを考えているかもしれないけれども、経営者は、夜中も眠《ねむ》れないで、「会社が潰《つぶ》れたらどうするか」ということを考えているのが普通ですのでね。

だから、出世街道《かいどう》を歩む過程で、自動的に保守化してくるようにはなっている。役人でも、ある程度、出世街道に乗れば、保守化していくことにはなっているので、社会勉強で、いちおう、それは修正されることになっているわけだね。

アカデミズムには「権力批判」だけでなく「建設」も必要

佐藤誠三郎　ただ、芦部《あしべ》さんも言っていたのかもしれないけど、アカデミズムのなかには、確かに、「権力を批判する機能」もあることはあるのでね。まあ、それが左翼とまったく同一視される面もあるかもしれないけども、いちおう、権力を監視《かんし》しなければいけない面もある。

要するに、マスコミが行動するための「後押《あとお》し」として、理論づけをする面も確かに必要ではある。まあ、間違《まちが》っている場合も多いかとは思うけども、権力を批判しておけば、とにかく、「謙虚《けんきょ》にはなる」という面もあることはあるのでね。

どんなにいい人でも、傲慢《ごうまん》になると、権力を濫用《らんよう》する傾向《けいこう》が出てくる。しかし、ちょっとしたことで批判されると、例えば、「君、ちょっと、ネクタイがかっこよすぎるな」と言われただけでも、次からは地味になるだろう? 権力者でも、そうやって批判されると、やはり、気にはするからね。それで、小さくなるところがあるので、意味がないとは言えない。

ただ、批判だけでは、「崩壊《ほうかい》」「破壊」しかないので、あとは、やはり、「建設」の面がなければいけない。

ところが、建設の面だけを言うと、「御用《ごよう》学者」というレッテルを貼《は》られて、なんか、取り入っているように言われるのでね。

私も、「御用学者」と言われたことはありますよ。「現実に政権を支えるなどというのは、学者がすべきことではない。やはり、（政権とは）距離を取って批判するのが、アカデミズムだ」みたいに取る人は多かったね。

8 「中曽根《なかそね》臨調」でやり残したこと

土光敏夫《どこうとしお》氏と「バブル潰《つぶ》し」のつながり

小林　中曽根《なかそね》政権当時の、第二臨調（第二次臨時行政調査会）については、もちろん、〝表臨調〟は、土光《どこう》（敏夫《としお》）さんですけれども、〝裏臨調〟として、事実上は佐藤先生が仕切っておられたと思います。

ちょうどそのころに、私は、旧・通産省に入りまして、実は、一年目の〝パシリ〟のとき、翌日に臨調で使われる資料を、ご自宅までお届けし、ご説明申し上げたことがありました。

佐藤誠三郎　うん、うん。

小林　中曽根臨調を仕切っておられた視点からご覧になって、「やり残した仕事」と言いますか、「あるべき姿からは、やりたかったのだけれども、政治力学等、さまざまな配慮《はいりょ》があってできなかったこと」、言ってみれば、「後世への宿題として残されたこと」がありましたら、今では、われわれ幸福実現党もあることですので、教えていただけると、たいへんありがたく思います。

佐藤誠三郎　あるね。

あのころから、行政改革が叫《さけ》ばれていてね。まあ、若い人は、よく分からないかもしれないけども、日本では、バブル最盛期の八九年あたりまで経済成長が続いていた。だけど、「このままではいけない。行政改革をやり、財政の再建もやらなくてはいけない」という考え方があったんだよ。

実際、あの時期に、要するに、経済成長をして、税収が自然増収で非常に増えていた時期に、本格的に行財政改革ができていれば、今の日本が抱《かか》える「財政赤字で増税をしなくてはいけない」という問題は、実は解決できていたと思う。

確かに、土光さんのカリスマで、多少の実績を挙げることはできたんだけども、根本的なところまでは行かなかった。それが一つだ。

あとは、まあ、「メザシの土光さん」を批判するわけではないし、彼を祀《まつ》り上げたのはいいけども、経団連の会長をやった人にしては、いわゆる「清貧《せいひん》の思想」的なものを、個人的にはお持ちだったので、そういう人がトップに立ったことが、実は、九〇年以降のバブル潰《つぶ》しの〝補助線〟になった可能性があるのではないかと思うんですよ。

小林　これは、強烈《きょうれつ》な新説ですね。

佐藤誠三郎　ええ、新説です。

「質素倹約《しっそけんやく》による財政建て直し」が基本スタイルだった土光《どこう》氏

佐藤誠三郎　これを言っている人はいないと思うけども、臨調の思想のなかに入っているのは、「清貧の思想」ですよね。どう見ても、そうです。

だから、臨調のトップをやり、東芝《とうしば》の社長や会長、経団連の会長をやった人が、質素《しっそ》な生活をしていたわけで、バスに乗って通勤したり、メザシを食べたりしていたことが、NHKで流れて、すごく有名になってしまった。

「メザシの土光さん」と言ったって、毎日食べていたかどうかは分からないよ。たまたまメザシを食べているところを流したから、「経団連の会長をやり、臨調の会長をやっているような人が、こんな〝メザシ生活〟をしている」となったんだろう。毎日、メザシを食べるなんて、〝江戸《えど》時代の生活〟だし、まあ、本人は、いい年だったから、健康食として、〝縄文《じょうもん》時代と同じ生活〟をしていただけかもしれない。

だけど、「経済界で偉《えら》くなった人が、メザシと味噌汁《みそしる》と漬物《つけもの》ぐらいを食べている。質素倹約《けんやく》はいいことだ」みたいな感じの流され方をしたのが、けっこう九〇年代のバブル潰しの〝補助線〟になったような気がするんですよね。財界も含《ふく》めて、「経済繁栄《はんえい》」とか、「金が儲《もう》かること」とかを、「よくない」とする思想が広がったような気がする。

さらに、「財界も金儲けをしてはいけないけども、一般《いっぱん》の民間の人たちだって、そんなに金を儲けてはいけないのではないか」といった感じが強くて、全体に萎《い》縮《しゅく》する傾向《けいこう》がある。

ここ（幸福の科学）は、元・日銀総裁の三重野《みえの》さんのバブル潰しを批判していたと思うし（『平成の鬼平《おにへい》へのファイナル・ジャッジメント――日銀・三重野元総裁のその後を追う――』〔幸福実現党刊〕参照）、それは、的確な批判だとは思うけど、そのもとに、実は、（土光）臨調までもがあった。要するに、質素倹約思想を実践《じっせん》してみせて、国民におねだりするのをやめさせようとしていたわけよ。

さらに、議員のほうには、「いい格好をして国家予算をばら撒《ま》き、赤字をつくるスタイル」をやめさせて、健全財政にしていこうとしていたし、役人のところについても、質素倹約で贅肉《ぜいにく》部分は削《けず》っていこうとしていた。ずばり、江戸時代の藩《はん》の財政建て直し型だよね。彼（土光氏）は、いちおう、そういうスタイルを持っていたと思うんだ。

アメリカの逆鱗《げきりん》に触《ふ》れるのを恐《おそ》れた当時の日本

佐藤誠三郎　このなかには、幸福の科学系から批判が出ているけど、「一九八〇年代後半から先のビジョンを描けなかったからだ」というのが、一つあったと思うんだよな。

「水鳥の羽音《はおと》に驚《おどろ》いて逃《に》げる」という話があるじゃないですか。平家《へいけ》の……、平維盛《たいらのこれもり》かな？　「水鳥の羽音を聞いて、源氏《げんじ》が夜襲《やしゅう》をかけてきたと思い、もともと少数しかいなかった兵が逃げてしまったために大敗した」ということがありましたけども、同じようなところがあったんだよ。

アメリカを脅《おびや》かし始めていたころだったから、「アメリカの逆鱗《げきりん》に触《ふ》れたら大変だ」という感じで、全部、撤退《てったい》に入ったようなところがあった。「土地や株の値上がりについては、これ以上の拡張をやめよう」とか、あるいは、「国の財産として、外貨保有高や貿易黒字等が大きくなりすぎるのは危険なのではないか」
とかいう引き込《こ》みがあったわけだ。

9 「二大政党制」への警鐘《けいしょう》

中国を「日本のライバル」に育てようとしたクリントン政権

佐藤誠三郎　さらに、アメリカが民主党のクリントン政権になったときに、クリントンは、明らかに、「日本を独走させないようにするために、中国をライバルにしよう」と考えたと思うんだよ。そういうことは明確に言っていないかもしれないけれども、クリントン政権の八年間は、はっきり言って、中国を優遇《ゆうぐう》しました。アメリカは、貿易上、中国を優遇し、人民元《げん》についても優遇して、中国の経済成長を非常に助けましたね。要するに、日本のライバルをつくろうとしたわけです。

それが、結局、今の国難につながってきているんだね。

ただし、これは、いつもアメリカがやっていることなんですよ。いつも、これで失敗している。例えば、イランとイラクでも同じでしょう？　イランを牽制《けんせい》するためにイラクを育てていたら、イラクを攻撃《こうげき》しなくてはいけなくなって、イラクを攻撃したあとに、今度は、イランを攻撃しなくてはいけなくなるかもしれないよね。こういうことを、いつもやっているけど、これは、二大政党制ゆえの結果なんですよ。

実は、政権が変わると（前とは）違《ちが》うことをやるために、けっこう、あっちへ行ったり、こっちへ行ったりするわけですよ。それは、イギリスだけではないんです。

イギリスには保守党と労働党という二大政党があって、政権が行ったり来たりすると、例えば、「労働党政権になったら国営企業《きぎょう》ばかりになって、保守党政権になったら民営化する」というようなことが起きた。そうやって、行ったり来たりして、イギリスの経済成長を妨《さまた》げたので、「イギリス病」と言われたね。それを、サッチャーさんが、十一年半もの間、サッチャリズムでずいぶん改善をやったわけだけど、イギリスでは、彼女が亡《な》くなったあとでも、いまだに「魔《ま》女《じょ》だ」とか言って、「悪い魔女は死んだ」という歌が流行《はや》っている。私、(現代社会を)よく知っているでしょう? 研究しているんですよ。まあ、サッチャーさんでも、死後、評価が定まっていないんです。

自民党の「派閥《はばつ》」は実は有効に機能していた

佐藤誠三郎　だから、二大政党制は、けっこう危ないんですけど、日本でも、小《お》沢一郎《ざわいちろう》の策により、二大政党制を目指したわけですよ。だけど、二大政党制をやると、選挙で勝つために、相手とは極端《きょくたん》に違う政策を絶対に出してくるんです。どちらかがうまくいかなかったら、その正反対をやりますので、その間、行ったり来たりして、揺《ゆ》れすぎて、経済構造的には、ものすごい無駄《むだ》が出るんですよ。

もし、アメリカのように、公務員まで全部入れ替《か》えることになれば、行政の継《けい》続《ぞく》性のところにも大きな問題が起きるよ。「大統領が替わったら、最初の三年ぐらいは、何をしているか分からないような状態が続いて、四年目になって、『やっと仕事を覚えた』と思ったら、また大統領が替わる」とか（笑）、こんなことが起きる。たまたま、うまくいってはいるけども、あまり、まねをしないほうがいいような問題があったと思いますよ。

ただ、日本では、戦後、自民党〝一党独裁〟体制が四十年近くも続いたせいで、マスコミなども、「それがよくない」と言って、「自民党を弱くするために、過半数を取らせない」という動きが起きた。まあ、政争というのは、いつもこんな感じで、ここから、公明党などに振《ふ》り回されたりし始めたし、その後、小沢の策もあって小選挙区制になり、二大政党制のほうへ道が開かれたね。だけど、今、二大政党になった途端《とたん》に、ガシャッときているところではあるわけだ。

自民党政権のなかで派閥《はばつ》が交替《こうたい》することによって、要するに、自民党のなかでも意見の違う者が交替することによって、〝政権交代〟というか、政策を変えることができていたと思うので、派閥は機能していたわけですよ。

それを、マスコミが、「派閥は、即《そく》、悪い」と言い立てたので、自民党では、何回も派閥解散をやり、解散宣言もしましたね。でも、実際上、なくならないんですよ。

やはり、「何百人もの人が、いっぺんに投票だけすればいい。政党総会だけで全部決める」などということは、現実の政治ではできませんよ。それぞれの分科会でやらなくてはいけないし、派閥のなかで意見をまとめることは、「人を育てる」という意味でも機能していたんですよ。

それなのに、マスコミは、「派閥はいけない」と言って、ずいぶん色づけをしたし、三木《みき》政権では、派閥解消を唱えていた。彼は、社会党の党首ができるような、左寄りの自民党総裁だったから、そういうことをやりましたけどもね。まあ、あのへんで、三木さんの登場などもあったし、その後、バブル潰《つぶ》しという経済の失速等もあって、全体的に違った方向に行ったのではないかなあ。

二大政党制になると「〝右〟か〝左〟か」が鮮明《せんめい》になる

佐藤誠三郎　ただ、二大政党制になると、「右」と「左」が、はっきり分かれてきますよね。「左」が強くなったときには、中国に寄っていく。「右」が強くなったら離《はな》れていく。こういうことをしていたら、「外交の継続性」や、「経済の継続性」が保てないですね。

中国へ投資した企業がどうなるかと言えば、今はもう風前《ふうぜん》の灯《ともしび》ですよ。中国に投資して、たくさんの工場をつくったところには、全滅《ぜんめつ》の可能性があります。もし、全滅したら、さすがに生き残るのは厳しいですね。

トヨタぐらいであれば、中国の工場が閉まったところで潰れはしないかもしれないけども、普通《ふつう》のところだったら、けっこうなダメージだと思います。

だから、政権が極端に変わるのは、そんなにいいことではないですよ。中国にあるような革命思想はいいとしても、天の命《めい》が降りて革命が起きるのは、やはり何百年単位だからね。何百年に一回だよ。

「徳川《とくがわ》幕府が、『三百年の眠《ねむ》りは、もういい』ということで変わる」とか、「漢が四百年で変わる」とかいうのは結構ですけども、そんな数年ぐらいで、革命思想によって、あっちへ行ったり、こっちへ行ったりするのは、あまりよろしくないと思いますよ。

やはり、自民党の〝一党独裁〟を四十年近く続けたことが、戦後の一貫《いっかん》した繁《はん》栄《えい》の理由であったと思いますね。

まあ、臨調には、はっきりとした財政再建まではできなかった面もありますけども、その後、やや「清貧《せいひん》の思想」のようなものが尾《お》を引いた気がして、私は、しかたがないです。

10　滅《ほろ》びる寸前の国、日本

「日米安保破棄《あんぽはき》」で日本の命運は尽《つ》きる

立木　佐藤先生は、冷戦直後に、「新しい国際秩序《ちつじょ》の構想が必要だ」とおっしゃいました。

佐藤誠三郎　うん、うん。そうそうそう。

立木　今、日本が、中国や北朝鮮《きたちょうせん》の脅威《きょうい》にさらされ、かつ、アメリカが傾《かたむ》きつつある状況《じょうきょう》のなか、現時点で、日本から、あるべき国際秩序を提案するとしたら、どのようなものになりますでしょうか。

佐藤誠三郎　ものすごく危機的な状況ですよ。

あなたがた幸福実現党が言っているのは、実に正しいことだ。先見性がすごくある。

それに、アメリカが、オバマ政権でしょう？　民主党政権のなかでも、あれはいちばん質《たち》が悪いですよ。

民主党政権であっても、いちおう、「アメリカの継続《けいぞく》」を考えている人は、従来、いるんですけども、あの人は、初めての黒人大統領でしょう？　だから、マイノリティ重視で、はっきり言えば、極左ですよ。アメリカでは、極左政権に近いんだね。

つまり、極左政権に左翼《さよく》（中国・北朝鮮）を牽制《けんせい》させようとしているわけで、日本にとっては、非常に危険だし、日米安保《あんぽ》だって形骸《けいがい》化しかねないところがある。

まあ、約束事があるから、いちおう発動しようとはしているけども、中国が、「琉球《りゅうきゅう》（沖縄《おきなわ》）は中国のものだった」と言ったら、オバマさんは、「ハーバードでは、そんなことを教わっていなくて、よく分からない。地図を見てみたら、本当に中国に近いから、台湾《たいわん》も沖縄も中国のものなのかな」と思うかもしれない。

また、経済的な取り引きなどについても、アメリカに経済不況が起きた場合、「中国に、もう一回、元気になってもらわないといけない」というような話になって、「十三億人から十四億人もの人口がある中国と継続的な取り引きをするほうが有利だ。日米安保を破棄《はき》して、中国と結ぶ」ということを、もし、やられたりしたら、これで日本の命運は完全に尽《つ》きますよ。もはや沖縄だけでは済まないでしょうね。だから、非常に危険な段階にあると思うよ。

今の日本に求められているのは「賢者《けんじゃ》」

佐藤誠三郎　この時期の政治家の〝綱渡《つなわた》り〟は、とても難しいですけども、マスコミの知能も、ものすごく試《ため》されるところではありますね。日本に、識者というか、賢者《けんじゃ》がいなかったら、この国は滅《ほろ》びる寸前だと思いますよ。とても危ない。

安倍《あべ》さんが、本当に分かっているかどうかは、分からないですよ。いちおう、岸《きし》（信介《のぶすけ》）元総理の〝遺伝子〟を受け継《つ》いで、考え方をまねしようとはしている。でも、かたちはまねをしているけど、中身まで一緒《いっしょ》かどうかは、ちょっと分からない。かたちはまねしていますよ、いちおうね。

ただ、鳩山《はとやま》（由紀夫《ゆきお》）さんだって、おじいさん（鳩山一郎《いちろう》元総理）のまねをして、いちおう、「友愛政治」を言っていたわけですから、かたちはまねできても、中身が違《ちが》うことはある。

安倍さんは、次の参院選で、「九十六条改正」を突破《とっぱ》できるか。あるいは、与《よ》党《とう》で三分の二が取れなかったときに責任問題が発生しても、それを乗り切っていけるだけの力があるかどうか。まあ、そういった先行きの危機に対処できるかどうかには、やはり大きな問題があるね。

だから、四年前に（二〇〇九年の衆院選で）、幸福実現党が大量の当選者を出して、公明党に取って代わってなければいけなかったんですよ。そうすれば、日本の政権は、すごく安定して、（その後の事態に）対応できたんです。

「国師《こくし》・大川隆法」と言っているけど、正しいんです。言っていたことは正しいんですよ。「当選者を出さなくてはいけない」と言っていたのは正しかったし、天上界《てんじょうかい》にも、そのつもりがあったらしいんです。

だけども、マスコミが、あそこまで、宗教政党を通さないために意地を張ってスクリーンをかけたし、そもそも、「彼らには宗教の違いが分からない」ということが、私たちから見たらショックでしたね。
宗教の違いがまったく分からずに、「宗教即《そく》悪だ」と思っていたわけでしょう？　はっきり言えば、「オウムと一緒にされた」ということですよ。「オウムの立候補」と同じにされたんです。

「マスコミの談合」が選挙結果を決めている

立木　確かに、そういう厳しい状況ではありましたけれども、昨今は、マスコミにも、やや違いが分かってきたようで、公平性が出てきた面もあります。
これから参院選を控《ひか》えておりますけれども、現時点で、佐藤先生から幸福実現党にアドバイスを頂くとすれば、どのようなことがありますでしょうか。

佐藤誠三郎　まあ、多少は、得票率が上がると思いますよ。ただ、当選するのは、なかなか簡単ではないと思う。

マスコミには、まだ、二大政党制が頭にあるし、そこから漏《も》れたら、「『維新《いしん》』か『みんな』か」という選び方を受け皿として用意してくる。

だから、今は、「（与党に）三分の二を取らすか取らさないか」の綱引きで、そこを計算し、「三分の二になるかならないかのところで、どうするか」を談合していますよ。一生懸命《いっしょうけんめい》に談合してやっている。

まあ、「憲法改正までやられるんだったら、三分の二を取らさないほうがいいかな」と考えているね。けっこう操作できるんだよ。（マスコミの）応援《おうえん》の仕方で、あっという間に、票が動き始めるんです。

彼らは、けっこう会って情報交換《こうかん》していますから、談合していますよ。「会社の違いがある」なんて言っても、嘘《うそ》ですよ。それぞれ、「右翼だ」「左翼だ」と言っているけど、そんなの嘘です。なかでは、たくさん談合をしているのでね。

「憲法改正をさせるかさせないか」は、マスコミが談合して決めるんですよ。「させたくない」という結論に落ち着いたら、三分の二を取らさないように持っていきます。だから、「みんな」と「維新」を叩《たた》きに入るはずだよ。

まあ、あなたがたは、自民党の外の応援部隊、〝チアガールズ〟ということで、少しぐらいは票が入るかもしれないけども、議席は取れないね。

あとは、自民党を、少しだけ負けさせれば、つまり、「過半数は取らせるけど、憲法改正はできない」というあたりで負けさせれば、韓国《かんこく》も安心だろうし、中国も現状から変わらないわけだ。

今、彼らは、「『話し合いましょう路線』で、『なあなあ』で行こう」と、一生懸命にすり合わせをやっていますよ。

だから、そんなに甘《あま》くないです。

小林　ありがとうございます。

11　佐藤教授の「過去世《かこぜ》」を訊《き》く

小林　最後に、恒例《こうれい》の質問なのですが、過去世《かこぜ》でのご活躍《かつやく》をお訊《き》きいたします。その一端《いったん》なりとも、ご紹介《しょうかい》いただけないでしょうか。

佐藤誠三郎　いや、私など、死後、十三年もたったら、もう知っている人はいないでしょう?

そんな偉《えら》い人ではないのよ。訊いてみようか?

（聴衆《ちょうしゅう》に向かって）はい、佐藤誠三郎を知っていた人、手を挙げて。

（会場を見渡《みわた》して）ほら、見なよ。二人しかいないじゃないか。

これでは、君、過去世の偉人《いじん》なんて訊いたって無駄《むだ》だよ。現在の人が、私を知らないいんだよ。何百年も何千年も名前が遺《のこ》っているはずないでしょう?

小林　本日のお話のなかで、例えば、平安時代とか、唐《とう》の時代とか、春秋戦国時代とかを引用されていましたので……。

佐藤誠三郎　いや、そんなに偉くないですね。まあ、出ていても、せいぜい学者か高級官僚《かんりょう》ぐらいだよ。そんなところだ。そんなに偉いと思わないでくれ。

立木　現在、天上界《てんじょうかい》では、どのようなお立場で、どのようなお仕事をされ、どのような方を指導されているのでしょうか。

佐藤誠三郎　ハハハ。「現在、どういう仕事か」って？　まあ、現在ただいまのことをよく知っているのは分かったでしょう？

立木　はい。本当によく分かりました。

佐藤誠三郎　だけど、この世的な秩序《ちつじょ》もあるから、なかなか、いちばん偉くはしてくれないんだ。あの世でも、政治学者の〝年功序列〟が続いておるわけではございまして、上の先生だった人は、まだ威張《いば》っていらっしゃるので、「私が中心」ということは全然ございませんし、それほど偉くもなかったのでね。

立木　そうしますと、「政治学者の村」のような所に住んでいらっしゃるのでしょうか。

佐藤誠三郎　「政治学者の村」と言われると問題はあるけど、まあ、政治や経済、国際問題に関心のある人たちはいるわね。

でも、古い人たちは、あまりいなくて、ここ二、三十年で還《かえ》ったような人たちが多いことは多いね。あんたがたは知らないですよ。私を知らないぐらいですから、ほかの大学の先生方を知らないのは確実でしょう。

それでも、そういうところに気の合う人はいるもので、会って話したりはしています。もちろん、会えない人もいますけどね。

まあ、大したことはないですよ。そんな偉い人ではありません。そんなに偉ければ、もっと有名になっていますから、私は、ちょっと役割を果たしただけです。

小林　はい。本日は、素晴《すば》らしいご講義を賜《たまわ》りまして、ありがとうございました。

佐藤誠三郎　ああ、そうですか。

小林　これから大学の開学に当たって、ハッピー・サイエンス（幸福の科学）では、アカデミズムの場で、つまり、社会人になってからではなく、学生の段階から、例えば、「資本主義の精神」等の「真理」を体現する学生をつくっていきたいと考えています。

佐藤誠三郎　うん、うん。

小林　引き続き、ご指導いただければ、たいへんありがたいと思います。

12 「危機の二十年」を乗り切るために

幸福の科学に対する「切実な願い」

佐藤誠三郎　この国は、これから「危機の二十年」を迎《むか》えると思います。乗り切らないと駄目《だめ》ですよ。

やはり、いい人材を養成して輩出《はいしゅつ》し、要所要所に送り込《こ》むと同時に、現在、権力を持っている人たちも啓蒙《けいもう》し続けなければ駄目なので、あなたがたは、自分たちの影響力《えいきょうりょく》が増していくように、あらゆる努力をしなければいけないと思う。

「一宗教として食べていければいい」というところに志が止まっていては、絶対に駄目ですよ。絶対、駄目です。

内部的には、常に、そういう考えが出てくると思うんですよ。「一宗教として食べていければいい」とか、「(選挙で)一人も当選しなくても、塾長《じゅくちょう》として給料が出れば、それでいい」とか、そんな人は大勢出てくる。だけど、それで止まっては、やはり、いけないわけだ。

現実主義者が多すぎると思うんだけど、そういう意味での現実主義は、あまりよくない。「現実に、この世の中をよくしたい」という意味での現実主義者なら結構ですけども、「現状維持《いじ》路線」であれば、マスコミや左翼《さよく》の学者と変わらないので、幸福の科学のなかに、そういう「現状維持だけできればいい」というような人が力を持つようでしたら、残念ながら、駄目だよ。

やはり、「この教団が発展しなければ、現実に、この日本を守り切れないし、世界も、いい方向に行かない」と信じる人を、上に上げなくてはいけないね。

その意味では、まあ、非常に言いにくいことではあるけれど、私も、学者の世界が年功序列だったので、昔は教授と助教授ぐらいしかなかったとはいえ、それでもけっこう苦しみましたから申し上げます。

もし、ネックになる人がいたら、クビにするわけではないけれども、権力を持った立場からは移動していただいて、「総裁の理想を、一年でも早く実現しよう」と思う人に道を開いていかなければいけない。そういう勇気は要《い》ると思いますよ。それをやらずに、あなたがたが、「とりあえず、自分たちのなかだけで、会社みたいに食べていければいい」と思っていたら、この国がもたないですよ。

「習近平《しゅうきんぺい》の十年」と言っているけど、その次の十年が安全とは限りません。むしろ、「二十年ぐらいは危機が続く」と思ったほうがいいし、習近平が出るまでもなく、金正恩《キムジョンウン》に滅《ほろ》ぼされる可能性だってある。まだ、三十歳《さい》ですよ。その彼を始末できないようでは、オバマさんは危ないです。

シリアのアサド大統領だって、「オバマは何もできない」と、完全になめ切っているではないですか。

オバマさんは、「化学兵器の使用がレッドラインだ。化学兵器を使ったらシリア攻撃《こうげき》も辞さない」というようなことを言って脅《おど》しだけはしていたけど、実際に化学兵器を使った証拠《しょうこ》が挙がっても、「まだ確証が得られないから様子を見る」などと言っているんでしょう？　もう、完全に足元を見られていますよ。

「もう、戦争をしたくない。ノーベル平和賞をもらったから、あとは金を使わずに、国民皆《かい》保険の成立に持っていけたらいい」としか考えていないわけで、アメリカが、アメリカではないんです。

日本に残された時間は「長くて十年」

佐藤誠三郎　だから、日本は日本で自衛しなければ絶対に駄目です。マスコミや国民が何と言おうとも、説き伏《ふ》せなければ駄目です。国がもちません。

北朝鮮《きたちょうせん》などに攻め滅《せ》ぼされては、絶対に駄目ですよ！　中国は、さらに強いですよ。

まだ、しばらくは、アメリカがもちますけども、あと十年もしたら、アメリカの威光《いこう》が効かない可能性は高い。だから、日本に残された時間は、それほどありません。遅《おそ》くとも十年、できれば四、五年以内には、完全に体制替《が》えをしていかないと駄目だと思いますよ。

「憲法九条改正」には、議論の余地などないです。これは、「国家であるか、国家でないか」の〝国民投票〟ですよ。「日本は国家であるべきか、あるべきでないか」、その二択《にたく》です。「国家であり続けたいか、（中国の）属州になりたいか。どちらかを選べ」ということです。

属州になりたくないのであれば、判断の余地はありません。独裁者と言われようとも、やらなければ駄目だと思いますね。

ただ、安倍《あべ》さんにそれだけの根性《こんじょう》があるかどうか、私は少しだけ疑っているので、やはり、あなたがたは、ある程度、強硬《きょうこう》意見を言わなくてはいかんと思う。日本の右翼は、全然、仕事などしていません。街宣車を走らせて、嫌《きら》われているだけではないですか。票など全然増えませんよ。あれで天皇制を擁護《ようご》しているつもりですか？　皇室を守っているのは、右翼なんでしょう？　でも、右翼は街宣車で「ターンタン、タンタカタンタン、タンタンタンタンタン♪」とやって（「軍艦《ぐんかん》行進曲」のオープニング部分を口ずさむ）、あれで票を減らしているだけですから。

「天皇陛下はヤクザに守られている」と思うと、本当に国民の総意に基《もと》づく支持があるかどうかは、やはり疑わしいですよね。これは悲しい現実ですよ。

また、これから左翼も強くなってくると思うけども、君らが原発問題で、体を張って戦ったときに、自民党は、全然、戦っていませんよね。それなのに、選挙で勝ったあと、君らの意見どおりに「原発を進める」とか言って、安倍さんなどは、へっちゃらで、サウジアラビアだのトルコだのへ、原発を売り込みに行っているんでしょう？　でも、選挙のときには黙《だま》っていて、何も言わなかったよね。実に、この世的に長《た》けていると言えば長けているし、まあ、はっきり言って、ポピュリズムですよ。結局、自民党はポピュリズム政治なんです。

「中国による世界支配」を許してはならない

佐藤誠三郎　だから、君らは、必要だと思いますよ。まあ、「撃《う》ちてしやまん」という言葉はあるけど、君らは、「落ちてしやまん」を実践《じっせん》しているよね。それでも、やはり、もっと頑張《がんば》って教育しなくてはいけない。そうでなければ、本当に国がなくなるよ。

ああいう、「琉球《りゅうきゅう》は中国に属する」などと言って、口だけで取ろうとしているやつには、パンチを食らわせなくては絶対に駄目ですよ。去年（二〇一二年）、日系企業《きぎょう》等が（中国国内で）数多く焼き討《う》ちにあったときに、どうして怒《おこ》らないんだ！　マスコミも許せないけど、政府も許せないよ。やはり、怒るべきだ。「『怒る』とは、どういうことか」を、しっかり示さないといかんですよ。本当に、怒ってみせなくてはいけません。

結局、そのあとで、（中国からは）尖閣《せんかく》に圧力をかけられて、（アメリカからは）「アメリカが守ります」みたいに言われて、それだけで済ませているんでしょう？　「アメリカが守るから、日本は何もしなくていい」などと、こんな保護国扱《あつか》いされることに、いつまでも甘《あま》んじていては絶対に駄目です！

やはり、ああいうアウト・ローに世界支配を許してはならないし、マスコミは、あなたがたを無視することによって、それに加担しているんだから、断罪されるべきです。保守の言論人が、もう少ししっかりしなくては駄目だね。

だから、君らも、もう一段、頑張らなくてはいけないよ。本や雑誌を出しているんでしょうから、それらを、もっともっと多くの人に読んでもらわなくては駄目ですよ。

信者のみなさんは、弛《たる》んでるのではないですか？　私は、そう思いますよ。

いや、私がこんなことを言ってはいけないのかもしれない。学者がアジテーター（煽動者《せんどうしゃ》）になってはいけないな。

立木　はい。佐藤先生の叱咤激励《しったげきれい》を胸に刻み、しっかり頑張ってまいります。

佐藤誠三郎　しかし、アジテーターになってはいけないと思いつつも、悔《くや》しい！本当に悔しい思いがあります。

幸福の科学の活躍《かつやく》に期待する

佐藤誠三郎　大川さんとは、二回ぐらい会った程度しか、個人的な面識はないけども、実に惜《お》しい人材だよ。だけど、こういう人が宗教界に出てくれたことは、この国にとってはありがたいことなんだ。

言論人だけでは、この世を変えられない。信仰《しんこう》や固い信念を持った組織でなければね。日本共産党や中国共産党のような洗脳を受けた団体は、宗教でなければ絶対に粉砕《ふんさい》できませんよ。こちらも信仰を持っていなければ、絶対に戦えないので、これは、もう一段、勢力を増やさなくては絶対駄目です！

この責任感から逃《のが》れたら信者ではない。

やはり、伝道力が弱いよ。伝道力というか、教化《きょうけ》力というか、感化力というか、影響力というか、まあ、はっきり言えば、洗脳力が弱いよ。

君ら、オウム事件で怯《ひる》んでいるのではないか?

「オウムと一緒《いっしょ》にするな！　盲《もう》学校で甘えとった人と、東大法学部の教授が嫉《しっ》妬《と》したほどの秀才《しゅうさい》とを、一緒にしてはいけない！」と言うぐらいの自信は持たないといけないと思うよ。「教養学部の教授になどなれるか」と蹴飛《けと》ばしたような人と、〝あれ〟(麻原《あさはら》)とを一緒にしてはいけない。

だから、もっと自信を持ってやらなくてはいかんと思うよ。

やはり、もう一段の力が欲《ほ》しいねえ。いや、もう一段ではなくて、十倍の力が欲しい。次の選挙で少しは票が伸《の》びると思うけど、今のままでは、とてもではないけど駄目だと思う。マスコミの包囲網《ほういもう》を、まだ破れないと思うな。

彼らは、自分らの犯《おか》した罪を、もっともっと懺《ざん》悔《げ》すべきだよ。韓国《かんこく》や中国に懺悔するのではなくて、日本の宗教に対して、きちんと懺悔すべきだと思う。だから、彼らの意識改革をしなくてはいけませんね。

やはり、東大が〝真《ま》っ赤《か》っ赤《か》〟で、まさに〝赤門《あかもん》〟だからね。赤門は、塗《ぬ》り替えたほうがいいのではないかなあ。あれは、ちょっといかんね。〝赤く〟なってしまうわ。あそこを通ると、必ず〝赤く〟なる。赤門をくぐると〝赤く〟なるから、赤門を変えたほうがいいね。なぜ、赤くなければいけないんだろうねえ。

小林　では、今度、黄色い門に（笑）。

佐藤誠三郎　そうだなあ。黄色い門にしようか。〝黄門《こうもん》〟にしよう。それがいいわ。

まあ、とにかく頑張れよ。応援《おうえん》している人はほかにもいるから、徐々《じょじょ》に出てきてくれると思う。あの世から見たら、善悪とかは、はっきり分かるからね。

あまり、地獄《じごく》に堕《お》ちた左翼系の学者を出しては気の毒かもしれないけども、善悪は、はっきり分かるから、もっと自信を持ってやったらいいよ。

まあ、私が、宗教にこんな意見を言うのは、少し分《ぶん》に過ぎたことかもしれませんけれども。

小林　いえ。貴重なアドバイスを頂きまして、本当にありがとうございました。

佐藤誠三郎　まあ、大学までつくったら、さらに政治力がつくでしょう。

政治のほうは、まだまだ勝てないかもしれないけれども、学園もつくり、大学までつくったら、実際に政党を持って政治的な活動をすることも、だんだん社会が許容してくるようにはなると思う。やはり、少しずつ少しずつ押《お》し込んでいって、社会における宗教の〝市民権〟を広げていかないと駄目だね。

それと、シンパ層を、もっともっとつくっていくことが大事だと思う。

まあ、もう少し頑張れよ。

小林　はい。頑張りたいと思います。

立木　ご指導、ありがとうございました。

大川隆法　はい。（佐藤誠三郎に）ありがとうございました。

13 「佐藤教授の霊言《れいげん》」を終えて

大川隆法　意外に、〝熱血で〟応援《おうえん》してくれましたね。久しぶりにお呼びがかかったために、うれしかったのかどうかは知りませんけれども（笑）、この熱い感じは何なのでしょうか。

小林　やはり、佐藤先生ご自身も、「自分が理想としていたことを実行するための実行部隊は、ここしかない」というのが、おそらく、霊界《れいかい》から見ていて一目瞭然《いちもくりょうぜん》なのだと思います。

大川隆法　そうですね。あの世から見ていたら分かるわけですね。

安倍《あべ》さんも、とりあえず選挙に勝つための要員として、二回目の出番となりましたが、これは、通常、自民党ではあってはならないことです。誰《だれ》もが総理になりたいから、普通《ふつう》はありえないのですが、「安倍さんで選挙に勝てるのなら」ということで、なれたのでしょう。

ですから、参院選の勝ち方によっては、少し難しくなって、その後の政権担当能力は落ちるかもしれません。

これから、大した時間はないですし、四年間、変わらなかったマスコミや一般《いっぱん》国民の意識が、参院選までの三カ月ぐらいで、急に変えられるかどうかは微妙《びみょう》です。当会が、映画「ファイナル・ジャッジメント」や「神秘の法」（共に製作総指揮・大川隆法）を公開しても無視するし、ベストセラーを出しても無視するし、何をしても無視なされます。犯罪でもやったら、注目してくれるのでしょうけれどね（笑）。

実に、しぶとくはあるのですが、「ガンの治療《ちりょう》でもしている」と思って、根気強くやっていくしかありません。

また、マスコミは、結果について正直な検証をしていないと思います。当会が提言した方向に与党《よとう》が舵《かじ》を取っても、それについて何も報道しませんから、ある意味で、反省していただかないといけないでしょう。

佐藤教授については、今日は、「応援弁士として入ってくれた」と考えてよいのかもしれません。

今、幸福の科学や幸福実現党が活動することによって、保守系の言論人たちが、まるで大きな木の陰《かげ》で雨宿りをするように守られて、みな、息を吹《ふ》き返してきています。これまでは、少しでも批判すると、すぐに税務署が調査に来るなどしていじめられるので、出ていけなかったところを、〝屋根〟ができたおかげで復活してきてはいるようなのです。

そういう意味で、少しは使命を果たしているとは思いますけれども、もう一段、二段、三段、四段、五段と、頑張《がんば》らなくてはいけないわけですね。

肝《きも》に銘《めい》じて努力しましょう。

質問者一同　はい。ありがとうございました。

あとがき

私は今、現実の政治とも関わりつつ、明日の政治家の卵を育てるべく『ＨＳ政経塾』も指導し、二〇一五年開校予定の「幸福の科学大学」では、法学政治学等の学科の開設も模索している。

もう直接に私を教えてくれる人も少なくなる年齢と経験の人となってしまった。国師として歴代総理も叱っている。神の心を学問の銃弾にこめて発射しているつもりである。

あるいは孔子のように理想政治を説きつつも、実現させることのないまま力尽きるかもしれないと心弱くなることもあるが、いつも天上界の声が励ましてくれる。古代イスラエルの民は、メシアとは宗教と政治の両面から国民を救ってくれる天からの代理人だと考えていた。それが本当であると実証せねばなるまい。

二〇一三年　五月十五日

幸福《こうふく》の科学《かがく》グループ創始者兼総裁《そうししゃけんそうさい》　大川隆法《おおかわりゅうほう》

『スピリチュアル政治学要論』大川隆法著作関連書籍

『憲法改正への異次元発想
——憲法学者NOW・芦部信喜 元東大教授の霊言——』（幸福実現党刊）
『世界皇帝をめざす男——習近平の本心に迫る——』（同右）
『平成の鬼平へのファイナル・ジャッジメント
——日銀・三重野元総裁のその後を追う——』（同右）

スピリチュアル政《せい》治《じ》学《がく》要《よう》論《ろん》
――佐藤誠三郎・元東大政治学教授の霊界指南――

2013年5月24日　初版第1刷

著　者　　大《おお》　川《かわ》　隆《りゅう》　法《ほう》

発行所　　幸福の科学出版株式会社

〒107-0052 東京都港区赤坂2丁目10番14号
TEL(03)5573-7700
http://www.irhpress.co.jp/

印刷・製本　株式会社 堀内印刷所

落丁・乱丁本はおとりかえいたします

ISBN978-4-86395-332-1 C0030
写真：読売新聞/アフロ　AP/アフロ　Imaginechina/アフロ

大川隆法 霊言シリーズ・憲法九条改正・国防問題を考える

憲法改正への異次元発想

憲法学者NOW・
芦部信喜 元東大教授の霊言

憲法九条改正、天皇制、政教分離、そして靖国問題……。参院選最大の争点「憲法改正」について、憲法学の権威が、天上界から現在の見解を語る。
【幸福実現党刊】

1,400円

北条時宗の霊言

新・元寇にどう立ち向かうか

中国の領空・領海侵犯、北朝鮮の核ミサイル……。鎌倉時代、日本を国防の危機から守った北条時宗が、「平成の元寇」の撃退法を指南する！
【幸福実現党刊】

1,400円

日本武尊《やまとたけるのみこと》の国防原論

緊迫するアジア有事に備えよ

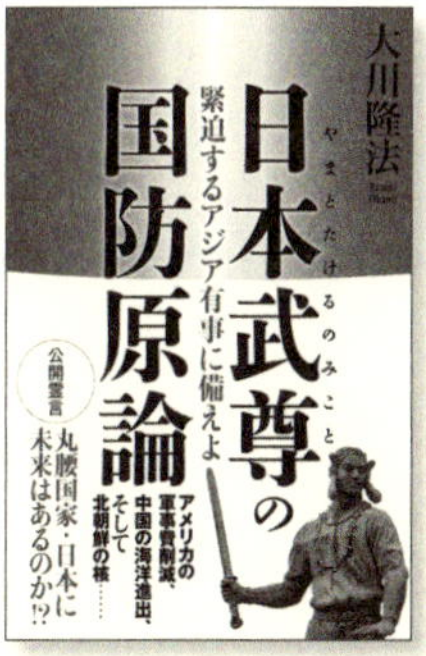

アメリカの衰退、日本を狙う中国、北朝鮮の核――。緊迫するアジア情勢に対し、日本武尊が、日本を守り抜く「必勝戦略」を語る。
【幸福実現党刊】

1,400円

大川隆法 霊言シリーズ・日本の自虐史観を正す

公開霊言 東條英機、「大東亜戦争の真実」を語る

戦争責任、靖国参拝、憲法改正……。
他国からの不当な内政干渉にモノ言えぬ日本。正しい歴史認識を求めて、東條英機が先の大戦の真相を語る。
【幸福実現党刊】

1,400円

本多勝一の守護霊インタビュー

朝日の「良心」か、それとも「独善」か

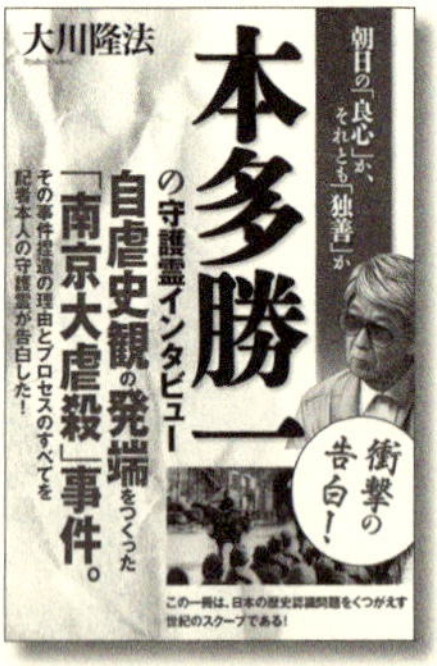

「南京事件」は創作！「従軍慰安婦」は演出！ 歪められた歴史認識の問題の真相に迫る。自虐史観の発端をつくった本人（守護霊）が赤裸々に告白！
【幸福実現党刊】

1,400円

従軍慰安婦問題と南京大虐殺は本当か？

左翼の源流 vs. E.ケイシー・リーディング

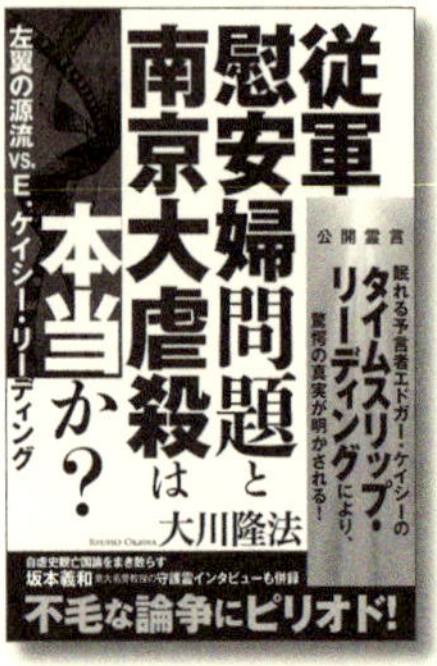

「従軍慰安婦問題」も「南京事件」も中国や韓国の捏造だった！ 日本の自虐史観や反日主義の論拠が崩れる、驚愕の史実が明かされる。

1,400円

※表示価格は本体価格（税別）です。

大川隆法霊言シリーズ・日本復活への提言

渡部昇一流・潜在意識成功法

「どうしたら英語ができるようになるのか」とともに

英語学の大家にして希代の評論家・渡部昇一氏の守護霊が語った「人生成功」と「英語上達」のポイント。「知的自己実現」の真髄がここにある。

1,600円

竹村健一・逆転の成功術

元祖『電波怪獣』の本心独走

人気をつかむ方法から、今後の国際情勢の読み方まで──。テレビ全盛時代を駆け抜けた評論家・竹村健一氏の守護霊に訊く。

1,400円

幸福実現党に申し上げる

谷沢永一の霊言

保守回帰の原動力となった幸福実現党の正論の意義を、評論家・谷沢永一氏が天上界から痛快に語る。驚愕の過去世も明らかに。【幸福実現党刊】

1,400円

日下公人のスピリチュアル・メッセージ

現代のフランシス・ベーコンの知恵

「知は力なり」──。保守派の評論家・日下公人氏の守護霊が、いま、日本が抱える難問を鋭く分析し、日本再生の秘訣を語る。

1,400円

大川隆法霊言シリーズ・北朝鮮情勢を読む

守護霊インタビュー 金正恩の本心直撃！

ミサイルの発射の時期から、日米中韓への軍事戦略、中国人民解放軍との関係——。北朝鮮指導者の狙いがついに明らかになる。
【幸福実現党刊】

1,400円

長谷川慶太郎の守護霊メッセージ
緊迫する北朝鮮情勢を読む

軍事評論家・長谷川氏の守護霊が、無謀な挑発を繰り返す金正恩の胸の内を探ると同時に、アメリカ・中国・韓国・日本の動きを予測する。

1,300円

北朝鮮の未来透視に挑戦する
エドガー・ケイシー リーディング

「第2次朝鮮戦争」勃発か!? 核保有国となった北朝鮮と、その挑発に乗った韓国が激突。地獄に堕ちた〝建国の父〟金日成の霊言も同時収録。

1,400円

※表示価格は本体価格（税別）です。

大川隆法 霊言シリーズ・日本の平和と繁栄のために

今上天皇・元首の本心
守護霊メッセージ

竹島、尖閣の領土問題から、先の大戦と歴史認識問題、そして、民主党政権等について、天皇陛下の守護霊が自らの考えを語られる。

1,600円

守護霊インタビュー
皇太子殿下に
次期天皇の自覚を問う

皇室の未来について、皇太子殿下のご本心を守護霊に伺う。問題の「山折論文」についての考えから、皇位継承へのご意見、雅子さまへの思いまで。

1,400円

皇室の未来を祈って

皇太子妃・雅子さまの守護霊インタビュー

ご結婚の経緯、日本神道との関係、現在のご心境など、雅子妃の本心が語られる。日本の皇室の「末永い繁栄」を祈って編まれた一書。

1,400円

※表示価格は本体価格（税別）です。

幸福の科学グループのご案内

宗教、教育、政治、出版などの活動を通じて、地球的ユートピアの実現を目指しています。

宗教法人　幸福の科学

一九八六年に立宗。一九九一年に宗教法人格を取得。信仰の対象は、地球系霊団の最高大霊、主エル・カンターレ。世界百カ国以上の国々に信者を持ち、全人類救済という尊い使命のもと、信者は、「愛」と「悟り」と「ユートピア建設」の教えの実践、伝道に励んでいます。

（二〇一三年五月現在）

愛

幸福の科学の「愛」とは、与える愛です。これは、仏教の慈悲《じひ》や布施《ふせ》の精神と同じことです。信者は、仏法真理をお伝えすることを通して、多くの方に幸福な人生を送っていただくための活動に励んでいます。

悟り

「悟り」とは、自らが仏の子であることを知るということです。教学《きょうがく》や精神統一によって心を磨き、智慧《ちえ》を得て悩みを解決すると共に、天使・菩薩《ぼさつ》の境地を目指し、より多くの人を救える力を身につけていきます。

ユートピア建設

私たち人間は、地上に理想世界を建設するという尊い使命を持って生まれてきています。社会の悪を押しとどめ、善を推し進めるために、信者はさまざまな活動に積極的に参加しています。

国内外の世界で貧困や災害、心の病で苦しんでいる人々に対しては、現地メンバーや支援団体と連携して、物心両面にわたり、あらゆる手段で手を差し伸べています。

年間約３万人の自殺者を減らすため、全国各地で街頭キャンペーンを展開しています。

公式サイト **www.withyou-hs.net**

ヘレン・ケラーを理想として活動する、ハンディキャップを持つ方とボランティアの会です。視聴覚障害者、肢体不自由な方々に仏法真理を学んでいただくための、さまざまなサポートをしています。

公式サイト **www.helen-hs.net**

教育

学校法人 幸福の科学学園

学校法人 幸福の科学学園は、幸福の科学の教育理念のもとにつくられた教育機関です。人間にとって最も大切な宗教教育の導入を通じて精神性を高めながら、ユートピア建設に貢献する人材輩出を目指しています。

幸福の科学学園

中学校・高等学校（那須本校）

2010年4月開校・栃木県那須郡（男女共学・全寮制）

TEL **0287-75-7777**

公式サイト **happy-science.ac.jp**

関西中学校・高等学校（関西校）

2013年4月開校・滋賀県大津市（男女共学・寮及び通学）

TEL **077-573-7774**

公式サイト **kansai.happy-science.ac.jp**

幸福の科学大学（仮称・設置認可申請予定）

2015年開学予定

TEL **03-6277-7248**（幸福の科学 大学準備室）

公式サイト **university.happy-science.jp**

仏法真理塾「サクセスNo.1」

小・中・高校生が、信仰教育を基礎にしながら、「勉強も『心の修行』」と考えて学んでいます。

TEL **03-5750-0747**（東京本校）

不登校児支援スクール「ネバー・マインド」

心の面からのアプローチを重視して、不登校の子供たちを支援しています。
また、障害児支援の「**ユー・アー・エンゼル!**」運動も行っています。

TEL **03-5750-1741**

エンゼルプランV

幼少時からの心の教育を大切にして、信仰をベースにした幼児教育を行っています。

TEL **03-5750-0757**

NPO 活動支援

いじめから子供を守ろう! ネットワーク

学校からのいじめ追放を目指し、さまざまな社会提言をしています。また、各地でのシンポジウムや学校への啓発ポスター掲示等に取り組むNPO「いじめから子供を守ろう！ネットワーク」を支援しています。

公式サイト **mamoro.org**

相談窓口 **TEL.03-5719-2170**

ブログ **mamoro.blog86.fc2.com**

政治

幸福実現党

内《ない》憂《ゆう》外《がい》患《かん》の国難に立ち向かうべく、二〇〇九年五月に幸福実現党を立党しました。創立者である大川隆法党総裁の精神的指導のもと、宗教だけでは解決できない問題に取り組み、幸福を具体化するための力になっています。

党員の機関紙
「幸福実現NEWS」

TEL 03-6441-0754
公式サイト hr-party.jp

出版メディア事業

幸福の科学出版

大川隆法総裁の仏法真理の書を中心に、ビジネス、自己啓発、小説など、さまざまなジャンルの書籍・雑誌を出版しています。他にも、映画事業、文学・学術発展のための振興事業、テレビ・ラジオ番組の提供など、幸福の科学文化を広げる事業を行っています。

TEL 03-5573-7700
公式サイト irhpress.co.jp